U0049995

消失的美學

保羅·維希留（Paul Virilio）◎著

楊凱麟◎譯

「我們所看到的這個世界正在逝去。」

——保羅・德・塔斯（Paul de Tarse）

當代文化思維@rt叢書序

　　文質貌然的東方文化在二十世紀末的今天，面對世界文化和學術儲備並將開展於下世紀的綻放，如何更深自惕勵湧勢地邁出締造一個思潮澎湃的新紀元？如何能如牟宗三等諸先學傳承於中國文化一隅宕宕的新儒家要中國文化在傳統本源與西方脈絡交織中有其位階？中國文化已有很長一段時間類似於一種其實質比較是侷限於近親繁殖，一種傾向封閉性之區域化本位思維模式，縱有「中學為體，西學為用」……等等泛起興革之波濤，然仍拗不過那悠久亙古的平靜湖海。而此刻的我們的文化文質、思維模式……仍得強進地參與（中心）全球化之多元主體思想之實質進程的基調對話。當下的「東方」已有新的拜物式族語；悠久亙古的說說囈語？或是十幾億人中就幾十個人唱唱戲？非關主流，也不是一種正統敘述言說，而是如何基架在我們的積澱文化從而蓄勢創造，就如許許多多的盛世文化般，異質文化實質深入鋪展之交流、衝擊，迸發巨碩能量。

　　我們可畫地自限駐足頓腳，我們可因區域環境約定俗成思維而莫名因循舊規不思真正銳變創造？是就

東方書寫再現之形象因由？是因為中國式主體思維之蠻性本質？還是其不證自明象徵系統之惰性？農、經、政型態深刻烙印的生活基層……。

自當耐心去梳理現、當代西學脈絡，辨析其複雜的進程，透析各種觀念學門之體系內碼，並進而把握它們進程織出的知識系譜學，社會結構功能性展現與意識形態的座標。更具體地，即礎立問題標向之軸心，為問題範疇畫界，建立自己的問題史框架。並著力於新思維之字鑰──行李箱、知識論述和文化思維表述形式，找到其現實在場的方位及其體系系統之意識形態立場，以作為初步理論的鋪墊。

我們最近常說的！台灣主體性文化如何能礎立？就我們的發展進程，我在此再提出幾個供大家探討的課題。

一、台灣在地文化是沒有西方資產階級美學機制所呈之現實在場，而去投射、參照西方文化形式；十八世紀末、十九世紀下半葉西方唯美主義已全面化之現象，它與之前的資產階級美學機制之間的差異，是由於它是一種脫離資產階級社會的強化作用。台灣沒有西方資產階級美學系統及其進程，然而我們常冀望藝術再現現代化，但我們的再現內容訴求中卻又有逆向導向。若更深入此問題，我們不應再毫無意識於文化藝術體制自主形成與作品內容中作品自主化之間的

非同時性、非同質性所導致的差異之進程脈動。此逆
向問題不在於對西方文化形式參照之誤解或誤差，也
不只是關於作品型態如何，但是關於藝術體制、文化
政治，很明確地我們有一急迫性來深入究竟它，因為
常常是文化本身以外先有一潛謬。因此因由，在文化
藝術實踐機制自身，或許此刻我們得思考是否有必要
持批判此潛謬的前衛屬性並具現代性意味之立場？

　　二、台灣文化狀態、藝術生態、展呈型態、文化
政策如何能有一鉸鏈機制而更投注、標向創造？

　　三、台灣文化藝術實踐現況是不是參照西方傳統
或新媒體模塑出來的擬像表記來看待西方當代文化藝
術實踐？

　　四、首先我們得明確地告訴我們自己，沒有單純
存在的事實或簡單現成的起點論述文本，而應立基於
現世和附著於物理環境上來思考台灣主體性文化礎立
策略之位置基架構成：

　1.知識系統系譜考古。

　2.批判思維內容所依循的固有參照模式及研究所依
　　賴未經檢驗的先設。

　3.西方應該是一重要對話對象而不應該是粉飾之上
　　層建築。

是新時代脈動驅使著新思潮，掌握時代脈動思

潮，礎立文化思維圖式，給思維主體有一思維模式概括圖式判準基架，形成透析新生活實踐之新思維。若此，當下時代性：

一、除了理性思維外，形象思維更顯明其應有之位階，當然在我們的地球村影像資訊媒體時代，它不再只是傳統圖畫性質之形象思維；關於文化實踐之再現事實，在哲思領域從柏拉圖（Plato）的影子劇場、黑格爾（F. Hegel）的暗夜中都是單色（黑）、萊布尼茲（G. W. Leibniz）的存有萬花筒金字塔⋯⋯藉由聲響形象指涉，到結構主義也由索緒爾（F. Saussure）之語言學引入運載（造形藝術）形象特質標向一種共時、實踐先在之「完整的事物」，即它是不同於言語、文字的系統編碼與句法般的步階建構、歷史線性描述的形式條件，來對其做出完整性的闡明。諸如，李維史陀（C. Lévi-Strauss）常透過藝術造型這棱鏡來解析研究，如形符（象徵）及其拆半表現（dédoublement）問題。巴爾特（R. Barthes）許多有關藝術的著作中，《靈敏與遲鈍》（L'obvie et l'obtus）這本書透過藝術形象談及戲劇的布萊西特（德人，B. Brecht），電影的愛森斯坦（蘇人，S. M. Eisenstein）及畫家馬淞（法人，A. Masson），塞·湯伯利（美國，Cy Twombly）等，來論其符號學的三層意義（sens）。傅科（M. Foucault）除了馬內（E. Manet）的圖在其論述中成為呈現一種水

平——垂直、正面——背面對立，上演著一種哲學言說外，在《這不是一根煙斗》（*Ceci n'est pas une pipe*）一書中，他也以畫家馬格利特（比利時人，R. Magritte）的作品，形符（象）與文字的關係，由文字畫（calligramme）來演論隱跡紙本（palimpseste）的「對話的藝術」（L'Art de la conversation）。另外，如德勒茲（G. Deleuze）在電影的時間／影像爲一晶體的論點上，來申論這個晶體，也由培根（F. Bacon）的畫鋪展其觀念軌跡以達到他的：「哲學（如同藝術家）是爲了創造觀念」。李歐塔（J-F. Lyotard）選擇《對話》（*Dialogue*）來使藝術家布漢（D. Buren）……等的作品挪近哲學。德希達（J. Derrida）在《畫中眞理》（*La peinture en vérité*）中也都有所著墨環繞著繪畫族語；在接受調理的公認意義上之書寫（理性中心範疇）充當了受抑制的原書寫的一個再現性標誌，那種必不可免的調理、抑制及其再現之表達之形式與規律必要性……。當然上述現象在吉爾森（E. Gilson）的《繪畫與實在（性）》（*Peinture et Réalité*）裡也提到一種說明，今天關於思想問題，繪畫不再需要一種「哲學式的」引言來導入，而是「繪畫的」（更趨向共時、實踐優先、理性中心範疇之另類思索）引言來導入「哲學」❶。我們也沒有忘記班傑明（W. Benjamin）之機械複製影像，雖然機械人爲造做的人格使光暈（aura）褪

逝，但肖像攝影卻仍是整個照相術的焦點，它具備一種對曾在、曾是之真實時間逝去的人有深刻留痕的回憶，對這種回憶的魔力，照片的崇拜價值提供了（傳統圖畫）形象崇拜的最後一個庇護所。維希留（P. Virilio）由速度切入來探討有關技術科學化之可視、不可視。布希亞（J. Baudrillard）不再是馬克思（K. Marx）體系之消費影像思維，或數據文化，它是國際運動而不再是傳統媒體型態，（尤其）是年輕人集體的新媒體溝通形式，它開啓了新的溝通空間，是社會、文化、政治、經濟等等各個層面具有待開鑿探勘的潛在性……。

　　二、或許一種新書寫學式但不再是書寫專擅之理性中心；我們常以講軼事般之文學式的修飾辭來伴裝藝術實踐創造就是不可說的靈性、不可知的混沌，感覺（直觀的）似乎與理智（意謂的）一直有著二元論詰難。然而就傳統……到今日後結構主義之德希達所謂結構系統內之動能在系統外再現，這是理性中心結構性運作之機制，本來就有此一外部系統化，而不是後者非得直指核心或起源，如結構主義至後結構主義進程之思維形式主軸：書寫，他視其為危險之外加物，是進行式之差異的延異，是展緩、延遲機制之進程之呈現，而此呈現將一直是非原初實體，此外部化之現存也傾向於理智的，是記號、痕跡與身體、語音

兩個表達系統之微調秩序，而只要能拋開理性中心範
疇，棄置它們不證自明的暗示，由此書寫學式開啓新
里程，就如科技書寫──文字檔案。

　　三、技術科學化：科技高度發展使技術系統成爲
社會之「新的座標系」，即論證了不斷合理化與制度化
的關係。並明確提出了在後資本主義社會中科技進步
本身已經成了哈伯瑪斯（J. Habermas）所謂的第一生
產力的觀點。階級差異及其對抗、意識形態所起的社
會功能與馬克思當年所說的直接生產者的勞動舊型態
是不能相提並論。它已由一種意識形態轉向技術統治
論──技術科學化型態產生的第一位生產力之統治合
法化基礎的意識。

　　班傑明在此論軸上即是由瓦雷里（P. Valéry）論藝
術片段之引言開啓（《起迪》一書中之機械複製篇）：
「早在那些與目前大不相同的時代裡，我們的藝術就已
經得到了發展，它們的類型和功用也已確立，然而那
些造就這一切的人們駕馭事物的活動能力與我們相比
卻是微不足道的。我們技術手段的驚人增長，它們所
達到的適用性和精確性，以及它們正在製造出來的理
念和習慣使得這一點變得確切無疑：在美的古代工藝
中，一場深刻的變化正日益迫近。所有的藝術裡都有
一種物質成分，對此，我們既不能像往常那樣去思
考，也不能像往常那樣去對待；它不可能不被我們的

現代知識力量所影響。過去二十年裡，無論事物、空間或是時間都已不是那種追憶的時代流傳下來的東西了。 我們必然會迎接一場偉大的創新，它將改變整個的藝術技巧，並因此影響到藝術自身的創造發明，甚至帶來我們藝術概念的驚人轉變。」在此社會科技高度發展之機械複製大量傳播，新媒體造就的加速，相對地也促使波特萊爾隱跡紙本式的透明積澱片段的分類、歸檔命名、整序、遲緩延異思維漸趨消逝❷。在資訊媒體時代，網路族們所「消費」的是X、Y世代式的。另外，生物科技從控制生育、性別選擇、生命秘密的DNA解碼、基因的篩選改造、器官的複製應用、創造新的生命物種、人之心智複製獲得突破直至複製人，「末世代」及「後末世代」將呼之欲出，即人之自然律的生命傳衍模式被顛覆，生命個體存在的自然時間序列不再有一定貫時律，隔代且是數代的個體同時在一個同世代共時成長或是數個同源的複製生命個體同時存在，甚至這些「人類」有些部分是經過人為植入部分構造的。「末世代」及「後末世代」即在人類認為他們已有能力去改變自然原有的狀態，創造出更屬於人為的完美生命型態，自然律之生命演化、傳衍生存之原有模式已到了一個極致的狀態，當然也將一直伴隨著個體生命之自主意識、生命價值之物化傾向、社會人倫學之激辯……。❸

　　以文化藝術爲主軸所提出的「當代文化思維@rt叢書」，是冀望透過當代哲思人文領域此核心，能使文化藝術實踐範疇形成一之內、之外的環扣鉸鏈運作機制。既是奠基在實踐範疇原體，那麼我們思密精選的「當代文化思維@rt叢書」中不論是哲學原理、知識論、新科技媒介之看待，還是文化藝術範疇自身，它們將給我們一個範例，它們都將是由其內系統來思考其結構，其脈絡系譜或其遺傳學之造型屬性，一種礎立於事實、事件、物理向度的思維模式，及其能動投射之再現後設的規範下體現藝術本質的整體性。而不在諉於修辭話語文飾，當然經由這些如同外部情況屬性的相關思潮之介入，它們因此將更能在既有的領域引起創造性之變革。

　　所以在我們的企劃中將先以文化藝術相關人文哲思爲主、爲中介，再試圖將其擴張成應是的文化思維。當代文化思維@rt在物質利欲薰心的時代，它是一種強進參與，介入於可能開啓人之存在大地上實踐之力。所以這套叢書主要的重心是實踐質地之力的文化藝術方面之當代思潮，而時序上以二十世紀著作、作者爲主，尤其國內急需追趕步伐，以期具有能與全球化中心之所謂「西方」有一同質、同步之思維內容對話之基調，所最需引介的二次世界戰後的部分，是我們所最關切的。我們也知道有關西方傳統經典、現代

性巨著在國內還沒能有長期且有系統的引介、沉潛深入，那麼我們如何能直接跨過，逕入當代時序及其性質？有此如上述之考量，所以叢書將有部分著作談及二十世紀以前內容，必然地也是有其學術思想脈絡承接性之必要因由，是東西方二超大系統之間間隙扮演一種黏合劑之必要。當代並非根據歷史學的分期，也非時序之形容詞性，我們更不會因為流行或顯學掛頭而加諸國內混淆時序含其質性之現代、當代等之與本原不相符的詞性，此當代是時序內容性質之必然。由此當代文化思維@rt雖然不是一個範疇明確、意涵明晰的概念，但是在此確切地它將是相關於近數十年最重要之文化藝術哲思；諸如藝術實踐範疇、美學思維、哲學思潮、媒體介面、人文社會生活型態範疇之學術趨向。

為了能符應新時代脈動，能忠實引介當代思潮之精華，我們特別邀請台灣海峽兩岸多位學者專家參與撰譯工作，除了請專攻相關該領域的學者擔任外，且要求應視原文閱讀來進行譯作為必要，因為傳譯總難免有誤差，談結構主義、後結構主義而不懂法文，談普普藝術而不懂英文，在學術要求上難免對其質地有所質疑，我們慎重其事是因為我們知道好的譯作即具有學術價值，我們更希望它在實質內容與形式規劃皆能呼應我們上述宗旨之意圖。

　　編譯一套有關當代文化思維@rt深入西方內裡學術
軸心的系列叢書，我們將如其他為此理念奉獻心力的
同道（揚智出版公司即積極參與其中），是為了儲備人
文精神能量供我們社會進程質地之銳變，它們是台灣
文化主體性架構內容中重要之必須，更是大家引領期
待已久，精緻且具深度的文化建構養分。希望這點點
單色暗夜之螢光能多給我們體認自然、人文之燦爛繽
紛，也企盼將有更多社會好深思之文化人能駐足參與
其中，從這微不足道的舉動中尋得一絲絲開啟迎向遠
大未來的可能。

　　這套叢書能順利出版是很多文化界可敬的朋友共
同努力的成果，其中最令人敬佩的，是這些影響著我
們如何看待事物如何思維的著作、作者、譯者，還有
出版公司及其工作群，若非大家的努力必無目前文化
尖兵「當代文化思維@rt叢書」在今日台灣挺進二十一
世紀破曉之際的發行。

義千鬱

注 釋

❶參見義千鬱，《繪畫物語》，揚智，台北，1996，頁6-10。

❷此閱讀形式不同於深入參與思考評析等傾向主體能自主掌握其運用期間之線性時間，因此當我們看電影的時候，我們已不能進行上述活動，也就是說我們不能思考自己到底在思考什麼了！運動加速的視覺閱讀當下取代了思想。

❸參見陳志誠，〈台北—巴黎：複式世代〉，台北市立美術館，1999，頁9-10。

譯者前言

　　本書譯自保羅・維希留（Paul Virilio）的
Esthétique de la disparition，Galilee出版社，一九八九
年版（初版由Balland出版社印行於一九八〇年）。

　　在翻譯過程中，承蒙作者維希留對某些詞彙及脈
絡進一步的解釋及指點，我們在此謹向其致謝。此
外，爲了幫助讀者對本書的理解，我們擇要將他對某
些獨特用語的說明加入本書的譯注之中。

楊凱麟

導　讀

維希留加速2000年*
（Paul Virilio accelere l'an 2000）

這不是科幻小說，也不算是具科學性質的文章，只是一種科幻理論……。

（Ceci n'est pas une science-fiction, ni un article scientifique, mais une théorie-fiction❶.）

如果科幻小說是描述不存在國度的烏托邦（utopie）；科學論文是研究真實空間的拓樸世界（monde topologique）；那麼這篇「科幻理論」則是空談「去拓樸」（atopique）空間的「電傳托邦」（teletopie）正在發生的事。電傳托邦不是一個空間，是時間加速之下產生的去拓樸空間。如果我們還能稱之為「空間」的話，那只是由「時間—速度」這個第四度面向凌越其他的三度空間面向所構成的「去拓樸空間」。

---

*本文曾於「間別千年：臨界空間與社會」國際學術研討會發表，1999年12月11、12日，台中東海大學。

　　十九世紀末以來交通革命，決定性地改變人們對時間與空間的觀念。機械動力（火車、汽車、飛機等）的時間取代動物體力（腳程、馬匹、乃至於一箭之遙）時間計算空間的距離。台北－高雄：七時半車程；台北－巴黎：十四小時飛行時間。二十世紀末通訊革命，不再改變我們對時間與空間的觀念，而是致命地磨滅了時間與空間。台北－高雄之通訊：零（時間／距離）；台北－巴黎：零；任何地方－任何地方：零。這個世紀初，我們經歷了「空間－距離」（distance-espace）（如公尺、公里）漸漸地消逝。不到一百年的時間，我們再一次體驗到「時間－距離」（distance-temps）正快速地消失之中。1972年國際度量衡大會決議標準公尺的定義為：「光線在眞空中，兩億九千九百七十九萬兩千四百五十八分之一（1／299792458）秒，所經過的長度。」❷從此，「速度－距離」（distance-vitesse）取代過去的空間－距離與時間－距離。高度通訊科技（衛星電視、越洋電話、光纖電纜的安置，到資訊高速公路）使得以往的時間－距離與空間－距離都已不復存在。更精確地說，應該是地球的空間實在太小了，以至每秒三十萬公里的光速傳輸，不見其差別。❸或再更精確地說，地球的歐里幾何思考空間的方式根本無法想像電傳托邦的去拓樸空間。我們正面臨著空間的危機。一個電傳托邦正

快速地吞噬著我們以往熟悉的時間與空間。這次不再
是不存在的烏托邦（l'utopie）想像，而是無所不在的
「去拓樸空間」（l'espace atopique）。如何加速地（還是
應該減速地）思考2000年後的空間問題？「空間」（如
果還存在的話）？是什麼樣的空間？都市建築的幾何
空間？政治策略的權力空間？日常生活的社會空間？
還是哲學思考的存在空間？電子光速一過，瞬息間，
所有的空間都消逝了，只剩下7000×2000PIXELS的界
面。

臨界／批判空間（l'espace critique）

　　法國著名的交通工具廣告詞：協和式飛機「刪除
大西洋」；空中巴士讓「法國領士縮減成一個半小時
的方形」；高速鐵路（TGV）讓您「在時間之上爭取
時間」。我們不斷地犧牲空間來換取時間，甚至在天文
時間之上爭取機械時間。接下來通訊工具的極度發
展，所刪除的不再只是大西洋或太平洋而已，而是整
個地球；所縮減的不再是任何一國的領土，而是將地
球縮成一個沒有延展度（étendue）的一點；所爭取的
不再只是有間差的機器時間，是沒有持續性（durée）
的「實況時間」（temps réel）。從此電傳視訊的「實況
時間」取代地球三度面向的「實際空間」（espace

réel），光電波立即傳送的功率（puissance）取代物理的距離。如果電傳托邦還有一個可以稱之為「空間面向」（dimension）的介質的話，那必定是實況時間的時間─物質（matière-temps）所構成的，或更精確地說，是以電波與光子所構成的光線─物質（matière-lumière）。對物理學家來說，沒有「光線」，空間的延展性和時間的持續性根本是無法想像的。並不是光線（日光）照亮事物（觀察物、觀察者或軌跡），而是光速的絕對速度，這個宇宙的恒數（c）決定時間與空間現象的可知性。於是繼空間類間距（intervalle de genre espace）和時間類間距（intervalle de genre temps）之後，物理學家提出第三類間距：光線類間距（intervalle de genre lumière）的概念❹。正是這光線類間距形成我們的電傳托邦的「空間面向」，一種由光線─速度所決定的時間與空間，維希留稱之為「速度層」（dromosphère）。

科學關於「表面」（surface）的最新定義❺：「所有的表面都是兩種介質之間的界面（interface），在這界面上兩種接觸的物質之間，不斷地有交流形式的活動進行。」表面是一種空間的界限，然而這種「表面界限」正在變成一種可滲透的薄膜，可流通的界面。表面作為一個空間界限的概念，為界面交替／切換（commutation）所取代。而電傳托邦的「空間」概念正

是由這種界面操作所組成。一方面，電視和電腦螢幕透過不同界面的切換出現不同的實際或虛擬空間；另一方面所有出現的三度的實際空間都被縮減於螢幕的兩度空間之一個表面上；再另一方面，觀者的視界與螢幕的表面之間就形成另一個界面。而事實上，每一個界面所呈現出的場景深度都只是時間深度（profondeur de temps）所構成的效果。因為，每一個界面的「表面─支撐物」（support-surface）都只是傳輸光線─速度在螢幕上的「展露時間」（le temps d'exposition）之持續。而當然這裡所說的光線當然不是日光，而是電子與光子所形成的光線。換句話說，支撐每一個畫面／界面的「表面─支撐物」，不就是無數PIXEL的展露時間？

也許「單色的」（monochromatique）黑白電視／電腦螢幕時代已經過去了，高度電傳科技帶我們進入到維希留所說的「單時」❻（monochronique）電視／電腦的時代，唯一能夠（也值得）存在的就只有一個時間：實況時間的現在，一種加速之後展露於螢幕界面上的現在。從電視節目的實況轉播，網際網絡的直接連線，到閉錄電視的現場監控，唯一能趕上資訊時代的時間，就只有立即性的「現在」，而不是未來。如果有人問：「明天天氣如何？」我們會回答：「不知道，因為我沒看氣象報導」，而絕不會回答：「不知

道，明天還沒到，我怎麼會知道。」所以，明天的天氣，絕對不是明天才知道，而是現在，廣播、電視和網站現在所報導的氣象。

如果，「透明」（transparence）的定義是「凡可以輕易地被光線讓穿過的」或「凡可以穿透其密度清楚地辨識物件的」。那麼，新的實況時間的界面定義將重新定義這個實際空間如水、空氣或玻璃鏡片的透明。因為，一方面，使我們可以看透的不再是日光或燈光，而是電子或光子這些基本粒子的快速運動直到與光線同步。另一方面，透明東西也不只是觀看的瞬間所看到的事物表象（apparence），同時也是遠距離立即現場傳送過來的外表。從此凡是透明的，不再只是實際空間的「透明」，而更是實況時間的「傳象」（trans-apparence），一種「遠距離直接立即傳送表象的透明」（la transparence des apparences instantanément transmises à distance）❼。現代媒體民主社會所謂的「透明化」，不正是這種將所有人事物的表象／影像現場立即轉播的過程？

速度不只是讓我們更舒適快捷地移動，更重要的是讓改變我們觀看與構思世界的方式。十五世紀文藝復興時期（Quattrocento），義大利藝術與科學大師們教我們幾何的實際空間透視法（la perspective d'espace réel），空間深度從近到遠，視野從大到小，直到地平

線消失點。二度空間的平面幾何之後，從此又多加了
厚度成為三度空間的幾何透視法。二十世紀
（Novecento）的今日，我們正在熟悉電傳通訊的「實
況時間透視法」（la perspective de temps réel），一種光
電加速的透視法，沒有遠近深度，沒有大小面向，沒
有視野的透視法。或者應該說，視野不再是遠處消逝
的地平線，而是顯影管的螢幕方框；視覺消失點不再
是最遠看不見的某一點，而是電訊傳送於顯象界面
上，每一刻都在瞬間消失的每一點，每一個沒有大小
的PIXEL，每一個沒有持續的片刻。視界（l'
horizon），繼文藝復興時期風景、人物等場景的第一層
表層視線（l'horizon apparent），以及人類關於地點、
方向等想像與記憶的第二層深層境域（l'horizon
profond）之後，第三層視野傳象視域（l'horizon trans-
apparent）❽正在形成。結合前兩層視覺與思考的視
野，傳象視域是電傳視訊這種時間透視法
（chronoscopie）的結晶，不，應該是速度透視法
（dromoscopie）❾的結晶。就如同高空跳傘的經驗，自
由落體的速度（28,000km／hr）讓墜落時的視覺以為
地球的地平線突然地裂開。透過這個速度透視的傳象
視域，一個前所未見，前所未聞，無法想像的「遺忘
文明」（la civilisation de l'oubli）不斷地在我們眼前暴
裂開來。前所未見的，並不是從未見過，更是看見以

前見不到的；前所未聞的，也不是從未聽過，更是以前聽不到的；無法想像的，不是理解與想像能力以外的事物，而更是傳象視域上沒有出現的影像畫面；被遺忘的，並不是沒有想到或沒有想起的事物，而更是絕對速度之光（lumière de la vitesse absolue）沒有照到的陰影❿。

電傳托邦吞噬拓樸空間，實況時間取代實際空間，人類對他生存環境的污染，不只是對空氣、水、噪音等大自然物質的污染，也同時對長距離、廣闊空間、長時間等大自然偉大（grandeur-nature）的污染；不只大氣層、水層的污染，也是速度層的污染。「速度殺了顏色：當陀螺儀快速旋轉時都變成灰色。」1937年摩洪（Paul Morand）如此寫道⓫。從此綠色環保之外，也更應該提倡灰色環保。

繼放射性活動（radioactivité）嚴重污染所有的物質之後，如今我們是否也應該反省，界面性活動（interactivité）對所有我們習慣的人類社會活動之污染？放射性活動雖然是物質構成的基本元素，而也可能造成原子的分裂而毀滅物質本身。相對於放射性活動之於物質，界面性活動之於社會也有同樣的效應，它可能使社會更融合在一起，但同時也可能以全球規模的強度分離和解析整個社會。我們共同都有的界面活動經驗，電話聯絡感情的頻率比朋友見面的頻率還

高，觀看電視的時間比與親人談天的時間還多，坐在電腦螢幕前的機會也可能比與任何一個實體存在人接觸的機會還多。電傳托邦裡的界面性活動逐漸取代、吞噬物理和地理空間裡的人類社會活動。

在光速運動與界面性活動污染之下，所瀕臨「絕種」的可能不是生物或物理的實質（某種動物、植物或實物），而是地球物理的眞實（la réalité géophysique）。然而，地球物理的眞實空間與間差時間正是所有社會軀體與動物所賴以存在的「地球構體」（le corps territorial），因爲存在（être）是存在於此時此地。於是，在環保意識高漲的同時，我們非常關心生存環境的生物層污染，卻完全忽略了速度層的污染，我們談放射性活動而變色，然而談到界面性活動也爲之眉色飛揚。

建築之死或是時間建築？！（la mort de l'architecture ou l'architecture du temps）

既然在電傳托邦裡，實況時間取代實際空間，界面切換取代表面界限，遠距離的傳象取代表象的透明，速度─光線取代空間距離與時間距離，那麼歐里幾何空間爲基石的建築還能成立嗎？事實上，人類在還未發展歐里幾何之前，不一直都在蓋房子？沒有建築的「建築物」？也許，可是沒有實際空間的建築還

算是建築嗎？或許，海德格有道理：「存在是居住」（être, c'est habiter）⓬。但是就像維希留所說的，如果我們連Dasein（存在於此，l'être-là）都失去了，還居住於何處？也許，我們應該以另外一種思考來看待重新2000年以後的建築空間問題。但是，如何在去空間裡思考建築的空間呢？

我們都很熟悉交通革命對建築與都市規劃的改變。從動物動力的速度到機械動力之速度，速度面向已經決定性的改變建築原理：入口／出口（或開口）、內部／外部、上／下、流動／流通、光線／照明等基本思考元素。而今日通訊革命的光電的絕對速度又將如何改變我們關於建築與都市空間的思考／想像？一個城市出入口不斷地內移，從城門移到火車站，再移到私人住宅的車庫，最後到電視電腦界面的 "protocole d'accès"。城界不再只是城市內部，更是在住家的內部。而另一方面，城界卻不斷地外移，從城牆到環城公路，再從城郊到另一個大城市的市中心⓭，一直到現在以世界各大都會連結構成的「世界一城市」（ville-monde）⓮，其「城界」一直到通訊衛星所運轉的軌道。

明日，電傳通訊網絡（多媒體不只是視覺與聽覺，很快地也將是觸覺的）即將全球融合成一個世界城市，一個城市的城市（ville des villes），從此全都會

（omnipolitain）❻取代大都會（métropolitain），紐約、東京、巴黎等不再是大都會，而是這個全都會裡的其中一個城區或只是郊區而已。明日的市中心將同時不在任何地方，也是無所不在的圓周。昨日的「衛星」城也許只是環繞大都會的新興城市，而明日的通訊「衛星」可能搖身一變成為世界城市裡所有資訊流通樞紐的市中心。於是，昨日之邊陲即將成為明日之中心，而昨日之中心也將成為邊陲。美國五角大廈戰策專家關於「全球性」（le globe）的最新定義可能連「去中心主義者」都會為之暈眩：「全球性也就是一般情況下所包含的，將被視之為內部，而地方性（le local）則被視之為外部。」❻也就是說，果核從此不在水果裡面，是在水果外面。全球性當然是實況時間的全球性，瞬時性（immédiateté）、立即性（instantanée）和分身性（l'ubiquité）的權力才是中心，所有的地方性都變成外部的郊區，放逐的邊陲之地（out-land）。

　　四十年前都市建築專家已經注意到都市的規劃不再只是空間的規劃，同時也是時間的規劃。如今，這種時間規劃的建築概念不再是汽車交通工具機械時間的管理，而是資訊傳輸工具的實況時間的規劃。從機動的，然後自動的動能交通工具（véhicule dynamique）到靜能運輸工具（véhicule stable）所傳輸到來的影像與聲音，我們也從汽車的片面性來臨（arrivée restreinte）

時代進入資訊的全面性來臨（arrivée généralisée）**⑰**時代。運輸的全面動員（mobilisation des transports）突然間變成傳送的全面癱瘓（immobilisation des transmissions），或是全面癱瘓的傳送。於是，極端惰性（l'inertie polaire）開始了。

所有到達的不一定都要出發（arriver sans partir）；所有的移動卻不一定需要走動（déplacer sans bouger）。衛星電視、光纖電纜的立即性通訊，已經使到達取代出發；遙控（télécommander）、電傳會議（téléconférence）、電傳工作（télétravail）等電傳行為（téléaction）已經足以使我們不需要走動就可完成以往必須出門才能做的事。智慧型住宅裡，智慧型家電設備不只是代勞所有的家務**⑱**，未來不難想像代勞所有家事、國事、天下事。這種居家惰性（l'inertie domiciliaire），有人稱之為「蠶蛹」現象**⑲**（cocooning），是另一種以實況時間的界面活動為重心之惰性。

居家舒適控調（le domotique）**⑳**正是將住家空間取消，事實上是傳統住宅建築規劃空間思考方式的倒置。與其將一個住宅空間依據居住者在這個空間裡移動的動線，組織規劃不同居家活動功能的小空間（入口、客廳、廚房、廁所、房間），現在透過遙控器（最好是主人以聲音遙控），避免使用者的移動，所有的活

動都集中在一點上，極端惰性的中心。空間本身就是
使所有東西放在同一的地方的障礙，那麼居家舒適控
調不正是以家居時間賺取居家空間，如果我們還有家
居時間的話。於是，彈指或口令之間，空間規劃的連
續次序（l'ordre du successif）突然轉化成時間規劃的
「同時失序」（désordre du simultané）。也許，建築概念
的「解構」正是表現在這種實況時間的失序取代實際
空間的次序，立即性的界面活動取代日常生活習慣性
的活動。從「人車一體」駕駛快感到「人房一體」的
環境控制，我們將不只是居住在房子裡，同時也被房
子居住。住家舒適控調的各種功能成為另一類的器官
居住在人體裡。「這個房子成為我的身體，它的恐懼
悸動我的心。」建築師瓦何依（Varelli）在義大利導演
Dario Argento的電影*Inferno*如此寫道❷❶。控制與被控
制？居住與被居住？難道這也只不過是界面之間的問
題嗎？

　　居住還是被居住？原來居住於建築空間的人體，
如今漸漸成為被居住的建築體。「我們很快將製造微
機器人，出發去探索人體組織器官的任務。」Toyota-
Motor實驗室的副主任如此宣稱❷❷。明日，生物醫學科
技專家向我們保證未來的微機器人將可以在我們身體
到處遊走卻完全沒有感覺。透過微攝影機，人體成為
人類探險的另一個場所。新一代的機器人細微到連肉

眼都很難辨認，將可以居住在人體內部。繼交通
（transport）與通訊（transmission）的革命之後，第三
類的移植（transplantation）革命正在實驗室裡秘密地
進行著。未來的移殖革命，將不只是肝臟、心臟或腎
臟等的器官移植，而是偵測器、接收器或調節器等微
機器的移植。於是，生物科技學家也將會面臨另一類
的居住問題：如何移植／移居（transplanter）微機器
人？也就是如何規劃人體空間，使微機器與人體器官
和平共同居住問題。昔日，「外面永遠是裡面」科比
意（Le Corbursier）如此宣稱；明日，神經科學專家卻
可以說：「裡面永遠是外面」。

科幻小說的想像？

也許，這已不是我們的重點。但這想像卻可以引
發我們思考一個將會相當關鍵性地決定2000年以後空
間的問題：高科技將會如何決定我們的未來的空間概
念，也就是未來科技拓樸圖的問題。如果科技發展建
立在最基本的經濟原理上：最小施力法（loi de
moindre effort）或最小行動法（loi de moindre action），
也就是最小的施力或行動達到最大的功效。這個法則
可以轉釋成密斯（Mies von der Rohe）一個非常矛盾的
句子：「少就是多」（LESS IS MORE）。維希留稱之為
「趨近法則」（loi de proximité）㉓。事實上，除了這科

技經濟學的「趨近」之外，同時也有其他的意涵：環境控制的「親近」和聚落空間的「鄰近」。隨著交通與通訊科技的發展，我們經歷了三種趨近法：生理代謝（métabolique）、機械性（mécanique）和電磁性（électromagnétique）。

　　首先，動物豢養的家畜化，驢馬牛等成為犁田、搬運和運輸的工具。這種利用家畜代勞是以動物肌能的生理代謝達到人類體能所無法做到的功效，這是「生理代謝的趨近法」。「生理代謝的趨近法」之下的親近是人與其家畜之間關係，「坐騎」一詞表達這一類的趨近與親近。透過家畜的肌能作功，開始陸地領土的征服與水文和人文地理環境（géophysique／géographique）逐漸控制。而另一方面，透過他的坐騎，聚落空間的鄰近也不只限於村落內的鄰里，另擴大到村落之間乃到城鎮的鄰近。

　　其次，交通運輸革命，火車、汽車和飛機等自動化的交通工具，以機械的動能代勞，開始遵從「機械性的趨近法」。人與其交通工具的親近從騎在上面到安頓在裡面，比起家畜動物，我們更親近也更熟悉我們的交通工具。「百分之八十的男人與他的汽車發生過『關係』」（80% de hommes ont des liaisons amoureuses avec......leur voiture），我想起Continental汽車輪胎曖昧的電視廣告。機械性的趨近與親近，帶領人類征服不

只限於陸地的空間，同時也是海洋水面和天空大氣層的空間；環境的控制也從地理環境到利用能源的控制水、空氣、溫度、時間和空間等物理環境。同時也透過自動化交通工具，重新定義聚落空間的鄰近。機械性的鄰近是火車和汽車方便底達的網絡。對於在大都會通勤生活的人來說，住在不同城市之間的朋友，可能比住在隔壁的鄰居還鄰近。

最後，我們進入「電磁性趨近法」的通訊革命時代。為我們代勞的不再是相對速度的機械或家畜家禽（如信鴿），而是絕對或趨近絕對速度的電波與光子傳送，維希留命名為「最後一類交通工具」（le dernier véhicule）❷，因為可能不會再有比這更快的交通工具。從隨身電話、隨身聽、手提電腦電視，最近的資訊手套（DATA GOLVE）和資訊衣（DATA SUIT），以及正在實驗中微電子晶片移植手術，「電磁性的親近」又更進一步到肌膚之親，乃至於肌膚下的親近。親近關係近到極端，鄰近關係也遠到另一個極端。因為「電磁性鄰近」（proximité électromagnétique）是電話直接聯絡、電視現場直播的顯像，電腦網絡上的LIVE。LIVE最能表達這種在網際網絡上現場直播，與全世界網友共同分享活生生、直接連線的居住生活。網友間的鄰近概念，不再是實際空間的聚落鄰近，而是實況時間的立即性鄰近或Métacite的虛擬性鄰近，不是面對

面（face à face）的，而是界面間（interfaces）的鄰
近。關於空間的征服，不只是陸面、水面、大氣層乃
至於外太空等這類「外生成」（exogène）空間的征
服，同時也是微電子晶片和微機器人的移植工程征服
人體內部「內生成」（endogène）的空間。於是，環境
的控制也從物理環境（physique）到「微生理」環境
（micro-physique）的控制。微生理環境的控制，透過生
物科技將機器人微型化植入人體，以電磁性的趨近
法，調節控制人體內臟／器官／組織，某些生理機能
（心律、血液循環、呼吸或消化），乃至於某些感知的
能力。那一天我們也不需要改造外界的物理環境以適
應人類的生活，而是改變人類內部生理的能力以適應
外界的環境。

　　如果科技經濟學上，「趨近法」的最小施力或行
動法的精粹是「少就是多」或是「最小就是最大」，那
麼最大或最多到那裡？自從有了電梯之後旁邊的樓梯
就沒有人爬了；自從有電扶梯之後旁邊的走道就沒有
人走了；自從與愛車親近之後不再親近那些「畜牲動
物」了（誰敢說汽車是丈夫的小老婆？）；自從有了
電話與INTERNET可以聯絡感情之後，我們不再需要
坐車或開車去看朋友或家人。從生理代謝的趨近法，
經過機械性趨近法到電磁性趨近法，科技經濟學「趨
近法則」的最小施力法並沒有讓我們人與人之間更親

近，也沒有讓我們聚居空間更鄰近。於是，

> 「趨近法則」轉化成「趨近」不等於「親近」也不
> 等於「鄰近」（loi de proximité: proximité ≠
> proximité ≠ proximité）。

如何思考未來建築與都市空間？將會是思考這種科技拓樸圖上勾劃我們聚落空間？是思考如何建蓋世界城市？如何以科技經濟學的趨近法則，在這個去拓樸實況時間的世界城市裡，安置居住的實際空間？安置虛擬（le virtuel）於現況（l'actuel）？也許建築沒有死，只不過建築不再是空間的建築，而是時間的建築。

速度的政治經濟學（l'économie politique de la vitesse）

速度本身就是一種權力。若知識／權力的交替滲透是我們熟悉的一組概念，那麼運動／權力（mouvoir／pouvoir）卻是我們低估或甚至忽視的另一組概念。或許擁有知識是一種權力支配的形式，但是掌握速度卻絕對是掌控權力。不管怎樣說，征服就是領先，抓住速度，也就是掌控權力。這種以速度所產生的暴力作為權力的支配形式，維希留稱之為「速度政權」（dromocratie）❷❺。我們的社會自古來都是以速度政權

為基礎的「競賽社會」（société de course）。速度政權
的權力行使絕不只是簡單的行人必須讓汽車，或慢車
讓快車的霸權問題，更是想像思考能力的靈活敏捷操
作的問題。於是，速度權力的問題也已超越存活
（survivant）的問題，而是「超活」（sur-vif）的問題
❷。VIF，這個法文字至少包括三個涵義：敏捷迅速、
近乎暴力的速度和生命本身。所以，「超活」就不只
是存活而已，而是必須以更快的速度、更敏捷的思考
才能存活的存活。

停滯就是死亡！

　　這個世界普遍法則也正是速度政權統治的法則。
　　速度暴力在於滅絕（extermination）。每一次的旅
行出發就是一個自我的離棄（se départir）。離開一個車
站，離開一個港口，離開一個地方，將自己拋棄於速
度的運動之中，讓自己被速度的暴力所捲走。也是一
種主體的屈服（assujetissement），屈服於速度的暴力之
下。受困於速度之牆，我們都是速度的囚犯，唯一的
出口就只有減速❷。就這樣，速度，由於它的暴力，
變成一種不可避免的命運也同時是一個終點。於是，
在速度暴力的席捲之中，我們不到任何地方，因為速
度本身就是終點。我們不斷地出發，不斷自我離棄，
消逝於速度的空虛之中。

速度暴力的滅絕同時也是經驗世界的清除（或消除）（liquidation）。清除，不只是兩點之間時間與空間的清除，也是經驗接觸的消除。「上車」或「上馬」的動作本身就是登上交通工具以便被速度的運動帶走。於是上車也就成為一種上升和一種懸浮。懸浮於地面／表面之上，剝奪與地面／表面的接觸。另一方面，在高速運動之下，所有的事物（objet）或景物都在觀者的視野中消失。消失在地平線？不。是消失在速度之中。於是，速度的暴力也同時清除事物／景物。速度暴力的消除不止於此，它也消除人與人之間的社會關係。讓我們想像兩個人走在街道上，彼此打招呼。即使匆忙，點頭或揮手示意，至少社會接觸是可能的。現在，再想像這兩個人開車，時速120公里，無論點頭或揮手致意都非常困難，即使兩人都有意願。我們繼續加速到超音速或甚至光速，所有人與人之間的社會接觸都是不可能的。最後，速度的暴力連思考和反省能力都消除了。也許對笛卡兒來說「精神是一個會思考的東西」（l'esprit est une chose qui pense）。可是，他忽略了這個命題成立的前提，也就是柏格森（Henri Bergson）補上的一句話：「精神是一個持續的東西（l'esprit est une chose qui dure）。」❷❸對柏格森來說，思考的先前命題必須要有時間的持續，沒有時間就無法思考，也就是說，思考之所以可能的

前提之一就是時間的持續。請聽德國宣傳專家格貝斯（Joseph Goebbels）在1931年，國家社會黨掌權的前兩年所寫的名言：「宣傳必須直接由言語和畫面來傳達，而不是書寫。」閱讀的時間，即是思考反省的時間，也就意謂減緩群眾行動的動力與效率。運動（mouvement），社會或政治的運動，一如速度的運動都有相同的特性：以速度清除思考。於是，在超高度的速度政權之下，不再有持續的時間反省思考，只剩下反射動作。

　　不論任何政體，掌控權力的統治階級都是掌有財富，同時也是掌握速度的人。因為速度事實上是財富隱藏的另一面，而資本化本身即是財富累積的加速。第一批銀行家即是從古羅馬時代的騎士階級出身，而中世紀時代的大銀行家熱心傑克（Jacques Ceour）就是善用信鴿的通訊能力。同樣的，沒有掌控海上航運的能力，英國與法國的海外殖民公司根本是很難想像的。今日，國際財團的管理已經透過光電速度的電傳科技（越洋電話、傳真、電腦的連線），達成全球股票市場的串聯操作，以及跨國公司的組織。

　　如果說民主政治與自由市場經濟是匹配並行，那麼使這兩個不可分離結合的界面在於大眾，選民大眾與消費大眾之間的界面活動。大眾不是人民，不是社會，而是過客在通路上的聚集。不論是自由市場經濟

與民主政權的管理，從速度政權的角度來看，都是
「大眾動能」（l'énergie cinétique de la masse）的管理與
控制。有所差別的是不同的社會如何以不同的速度技
術管理與控制這種大眾的動能。第一個民主政體，古
希臘的民主，事實上是三層槳船隊的民主，就像「憲
法」所說的：「控制船舶的人，統治城邦。」❷我們
都認識到八○和九○年代的電視廣告，已經相當程度
地同時操弄選民和消費大眾動能。而在2000年前夕，
在樂觀地等待「任何人可以在任何時候任何地方對任
何主題自由地發表意見」的電傳民主（télédémocratie）
之前，我們已經見識到「任何廣告可以在任何時候任
何地方對任何商品自由地販賣給任何人」的電傳自由
經濟（télééconomie liberale）。

　　當速度政權管理技術還是相對的速度（不論肌能
的或是機器的）時，民主都是可能的。然而，速度管
理技術一旦進入光子與電波的絕對速度，速度政權的
管理與控制就變成絕對的。電傳科技的高度發展正在
一步步地實現三種天賦的神性：分身性、立時性和瞬
時性。全知全能的，不再是神學時代的上帝，也不曾
是電視民主時代的選民大眾，也將不會是電子民主世
紀的網友大眾，而是掌控龐大資料庫連線，結合資訊
—媒體—監控三位一體的國家或財團科層（techno-
bureaucratie）體系。再怎樣說，民主都是必須是相對

　　然而，這些都只是相對速度的向外殖民（exo-colonisation）。然而，人類開始控制絕對光速度之後，所征服的是速度層和資訊層（infrosphère）。殖民主義也到達另一個臨界點，而轉變成時間規劃的向內殖民（endo-colonisation）❸❶。向內殖民不再是過去地緣政治的空間殖民，而是時間政治的時間殖民。或者應該說，向內殖民主義根本就是一種「去殖民的殖民」（une colonie décolonisée）形式。「殖民」一詞的定義：「聚集一個國家人民到另一國家居住，剝削。」也就是說，殖民是一種領土空間的移植。而現在「去殖民」也就是從一個領土空間撤離居住與剝削，也就是一種領土空間的消除（liquidation territoriale）。空間的「去殖民」也就是時間的殖民。向內殖民是聚集一個領土空間的人民到以實況時間所構成的世界城市裡居住與剝削。「從此國界移到城市裡面」，六〇年代費城市長揭示種族衝突危機的同時❸❷，也宣布了向內殖民主義的開始。自從鐵路發展從城界內移到火車路，警力也集中在各地火車站；自從公路發展，汽車臨檢將城界再內移到汽車內部：家居的另一個可移動的房間；自超音速飛機發展後，國限內移到機場；那麼光速的傳訊革命後，國界和城界的管理與監控不就應該內移到每一部個人電腦、個人電視的界面上？未來生物科技的移植革命又進一步將國限或城界深入到皮膚

內層，那麼政治管理和監控呢？以實況時間支配實際
空間和間差時間，以絕對速度剝削相對速度，地緣政
治的向外殖民主義尚未結束，時間政治的向內殖民主
義已經開始。

　　於是，繼大都市化（métropolisation）人口大量集
中之後，全都會化（omnipolisation）也將以往的大都
會人口超集中於唯一的世界城市。於是，繼人煙稀少
鄉間的「無人之地」（no man's land），明日我們可以
想像「無人之時」（no man's time）：拋棄不同陸塊與
地域之間差時間，移民到資訊高速公路的世界時間之
界面上。相對於大都會管理需要都會政治／政策
（métro-politique），那麼全都會的管理不就需要全能政
治／政策（omni-poltique）嗎？全能政治是掌握絕對光
速的絕對權力與絕對控制，一種結合知識／權力、速
度／權力和資訊／權力的統治技術（le technique de
gouvernementalité）。全球政治不再是區分貧窮的南半
球和富有的北半球，而是兩種時間性的區分，兩種速
度的區分：絕對速度與相對速度。世界經濟體系的剝
削問題也不只是對第三世界的剝削，而應該也思考絕
對速度對相對速度的剝削問題。如果住在大都會的居
民稱之為「市民」（citoyen），而住在全都會的居民就
應該是「時民」（contemporain），而我們也顯得太遲緩
地還在談論「市民權」（citoyenneté），因為「時民權」

（contemporainete）**❸**的問題就將馬上會在世界時間所構成的世界城市、擬象城市裡產生。於是，我們可以理解葡萄牙將軍總統科斯塔—岡姆斯（Costa-Gomes）為什麼感嘆：「革命總是跑得比人民快！」只不過跑得更快的，不是政治革命，而是科技革命。不論是狩獵人、畜牧人、水手、海盜和騎士，開戰車或開汽車的人、電腦和電視前的終端人（l'homme terminal），我們全都是速度暴政的無名尖兵……。

繼現代「大敘事」（grands récits）的危機之後，也許將會是後現代的「小敘事」（petits récits）面臨危機。因為空間面向的危機也意謂著倫理、美學參考架構多樣性之危機。隨著實際空間與間差時間的消逝，無數建立於不同空間與不同時間的小敘事也將會消失。取而代之正在不斷擴張的電傳「微敘事」（micro-récits）**❹**。微敘事不再是文字、話語或論述的敘事，而是聲音、影像乃至觸覺的電傳敘事。微敘事不再是回到現代性理論或理念的普世化（universalisation），而是跳到資訊與新聞實況時間的世界化（mondialisation）。也許，李歐塔尋求的後現代哲學解決之道（résolution philosophique），很可能在電傳托邦裡都只不過是影像解析度（résolution des images）的問題。

做個異教徒吧！（Soyons païennes！）

　　於是，在這樣絕對速度的速度政權之下，我們還可以樂觀地說「上有政策，下有對策」？李歐塔如此熱情地邀約參與這種異教徒式的政治／政略態度。然而，如果地區（Pagus, Pays）都沒有了，邊界（confins）㉟也沒有了，只剩下沒有界限的界面，如果立時性、瞬時性和分身性的實況時間速成為唯一的尊神，那麼李歐塔所謂的異教徒還做得成嗎？面對擁有光速的絕對權力之速度政權統治，每一個終端人的我們，如何保持異教徒的政治態度？

從倒錯／反常到社會分散／逍遣（de la perversion a la diversion social）

　　離心作用（centrifuge）是利用高速旋轉運動原則，將兩個質量不同的物質分離。換句話說，加速的運動會使得兩種物質或軀體分別聚集在不同的層次。當代社會生活的高速運動（運輸、傳輸、通訊科技的高度發展），整個社會軀體也承受同樣的離析作用。班傑明已經注意到十九世紀末的交通革命，以機械的相對速度，使社會生活以辦公室為中心快速運轉，離脫現實的人們必須以電話線作為繫帶，才能緊緊的抓住而不被捲離居家生活。而倒數計日下二十世初末的通

訊革命，以電子和光子的絕對速度，則我們的社會將
會分離成什麼樣子？社會生活還有一個重心，使我們
不至於漂浮在每秒三十萬公里的資訊層（infosphère）
之中？或許隨著「電傳工作」（télétravail）普及，我們
不再需要通勤上班，新的辦公室不再是一棟大廈，或
是一個單獨的隔間，而只是一個電腦的螢幕。"Go to
office"的表達不正在變成"Go to Microsoft Office"？
現在問題是這樣的社會離心作用是以什麼爲中心？離
析後的社會結構是如何？也就是未來光速運動的社會
將會是什麼樣子？

　　如果速度使高速運動的兩個物質離析，那麼我們
也可以想像未來社會生活，將依兩種速度運作，分成
兩層社會結構：以光速的絕對速度生活之上層結構和
依舊以機械的相對速度生活之下層結構。上層結構將
會是那些靠光速傳訊活動生活的終端人。所有的社會
活動，智力活動交流、情感傳達，感知的「接觸」都
在遠距離之外完成。居家舒適控調所產的居家惰性（l'
inertie domiciliaire），出門不一定要外出，到來的也不
一定要出發，一切的工作和生活都可以在「蠶蛹」中
完成。電傳與網絡足以滿足一個社會軀體上層的生理
機能（fonction animale）。現在只剩下層最基本的植物
機能（fonction végétatif），如攝食、排泄等必須要有另
一批人來保障。這種無法以電傳行爲和網絡活動達成

的社會機能，則將會是下層結構，只能靠機械的相對速度生存的人之主要職業活動，也就是說，生產（production）與送貨（livraison）。於是又將會是上層結構支配下層結構？不！是資訊層（infosphère）統治生物層（biosphère）。

　　九〇年代的台灣社會也許還是以金錢為中心，以相對速度（動物動力或機器動力）離析出社會中心／邊緣，或精英／廢人的區隔。未來的社會裡，連金錢都只剩下光子與電子的數字符號時，整個社會活動中心以「光子」為中心，不過這次的離析作用是以絕對的光速在進行，社會的中心／邊緣或精英／廢人，都環繞著電子與光子來決定的，而且離析的間距將會隨著速度的加快而加大。凡是能靠電傳與網絡活動能生存的人將會是一個社會區隔，無法的人都會是另一個區隔。兩者之間的差別，不再是相同邏輯下的不同等級而已，而是兩個不同的生活邏輯。難道這是上層結構與下層結構的回光反照？不，這不只是政治經濟學想像的「生產之鏡」（le miroir de la production）**㊱**之反射，而根本就是速度政權「電傳眞實」（téléréalité）所幅射出來之「生產之螢幕」（l'écran de la production）。

難道，馬克思幽靈又再現了?!

　　馬克思是死了，馬克思主義也死了。這樣的死亡

事實似乎還不夠，政治—媒體—學術三位一體的支配論述還需要馬克思的幽靈來穩定自由經濟＋民主政治的世界次序。馬克思幽靈再現的必要是使驅邪和除魔成為必要。驅魔儀式（conjuration）是雙面的政略操作：首先是一種共謀（conspiration）與聯盟（alliance），公開或密秘地共同發誓結盟，以對抗其他更強大的勢力；其次一種召喚（convocation），以咒語召集活死人（vivant-mort）再回來。召喚是在於有效地宣判「死者真的已死」（le mort est bien mort），以便安定人心對於死者（馬克思及馬克思主義）的恐懼。活人萬歲（vive le vivant）！有什麼比驅魔的政略操作更能保障並維持活人的世界次序？然而，正如同德希達關於《馬克思幽靈》的操作：我們都是馬克思精神的徒子徒孫❸，不管我們願不願意或知不知道我們都已經是馬克思與馬克思主義的繼承人。當然，馬克思和馬克思主義都已死了，也都化作春泥滋養我們這些承傳人。馬克思幽靈的陰魂不散（hantise）不正在監看著我們這些驅魔的「不肖」子孫？

　　當然。「馬克思幽靈」不只是「再現」而是「又再現」。只不過這次「馬克思幽靈」的出現，不是以演講論述的形式再現，而是以光子與電子形體／影像（forme-image opto-électronique）又再現。我們別忘了電視螢幕本身就是幽靈性的。幽靈再現一個不存在（n'

existe pas）、不再存在（n'a plus existé）或不存在於此
（n'existe pas ici）的實體，幽靈的再現使不可見之物能
見（rendre l'invisible visible），使不可知之物可知
（rendre l'insensible sensible），使不在場者在場
（présente l'absent），使消逝的出現（apparaître le
disparaît）。這就是幽靈嗎？不！這只是電視螢幕而
已。如果「馬克思幽靈」的陰魂不散是一種「經常性
的出沒」（hanter c'est fréquenter habituellement）。然
而，有什麼比高頻率（haute-fréquence）高傳眞
（haute-fidélité）經常出沒的電傳視訊更「陰魂不
散」？著魔（l'obsession）是在於機器／人界面，著魔
者與被著魔著，觀者與被觀者之間的相互滲透，那麼
驅魔的政略操作還有意義嗎？

　　難道，驅除螢幕這個幽靈，眞的能確保實際空間
的存活嗎？實況時間的世界化事實上是實際空間的虛
擬化。消逝的實際空間是不是已經變成虛擬空間的影
子？到底是虛擬空間成爲實際空間的幽靈，還是實際
空間成爲虛擬空間的幽靈？於是，關於螢幕虛擬空間
的驅魔，眞的能有效地確保正在消逝中的實際空間之
世界次序？而關於實際空間消逝的叫喊會不會成爲對
實際空間死亡的宣判？就像宣判馬克思與馬克思主義
的死亡一樣，召喚正在消逝或已經消逝的實際空間？
讓馬克思的幽靈又再一次出現吧！我們都還記得《共

產黨宣言》開場白的第一句話：「一個幽靈正縈繞著歐洲，共產主義的幽靈。」如果這個馬克思宣稱的共產主義幽靈是縈繞著歐洲這個舊大陸，而馬克思再現的幽靈可能縈繞著整個新的電傳大陸（télécontinent）：全球。

當代最具影響／支配力的社會學家之一，布迪厄（Pierre Bourdieu）重新定義現代社會的暴力形式。對他來說「象徵性暴力」（violence symbolique）❸是繼肢體暴力（violence physique）之後的另一種形式的暴力與支配形式。比起肢體暴力，象徵性暴力的使用要高明且巧妙得多。因爲整個社會的建制（dispositif social）都是從支配者觀點所建立的，其支配關係（男性／女性、白人／黑人、師／生、多數／少數），不論支配者或被支配者都覺得理所當然。當被支配者不具有與支配者同等的知識工具足以想到或反省，乃至思考這種支配關係時，象徵性暴力就是立基於被支配者不得不同意的贊同之上。「象徵性暴力是一種溫柔的暴力，連受害者本身都無法感覺，它主要是透過溝通、知識（connaissance）或更眞確地說不知（méconnaissance）、和認可（reconnaissance），甚至情感等，純粹象徵性之途徑來施展的。」布迪厄這番精采且具有支配力的分析，讓我們重新反省關於暴力和支配的問題。於是，我們理解在支配的關係裡，依舊是以暴制暴的邏輯，

只不過此「暴」非彼「暴」。

　　順著布迪厄的象徵性暴力概念，我們不難想像另一種平行且一樣精巧的暴力形式正在我們現在高科技的社會裡成為另一個社會建制：資訊暴力（violence informatique）。懂得運用資訊為作知識工具的人（這裡指的當然不是電腦工程師），逐漸支配或淘汰那些不會使用資訊工具的人。如果，資訊即是權力並不是空話，那麼資訊即是暴力，更不會是廢話。而「什麼都知道的人，什麼也不怕！」也從對抗象徵性暴力的防禦立場，轉變成資訊暴力的攻擊立場。資訊的暴力在於恐嚇（menace）和挾持（prise en otage）。對於個人財務信用、債務、收入、消費、保險、家庭成員、教育與工作表現、犯罪、身體病紀錄、醫療診斷、政治傾向、性偏好、社交網絡……所有公私生活的一切的一切都儲存在電腦龐大的資料庫中。「什麼都知道」意謂著「什麼都沒做卻什麼都可能做！」也許最粗糙的恐佈份子是用流血的肢體暴力手段，達成恐怖的氣氛，然而最精緻的「恐怖份子」卻是以感覺不到的資訊暴力為手段，維持「安全」的氣氛。

　　紐約州政府在六個犯人寓所裡，安裝閉錄監控系統，讓犯人可以在自家服獄。獄方可以在閉錄電視的螢幕上，二十四小時全面性的監控著犯人的一舉一動，從走動到呼吸。另一方面也在犯人的手上安裝電

子手環，如此一來，犯人可以上街購物，上班工作，或是出外訪友，完全與正常人的生活一樣，而獄方也可以雷達追蹤犯人的行動，監看他們是否超越法官所規定的活動範圍，或到他們被剝奪權利去的地方，如被害人住家附近。多麼人性的家庭監獄（domicile-prison）❸！在這樣的監獄「裡」（裡？或外？已經沒有裡外之別了！），我們在懲罰犯人什麼？不再剝奪犯人的行動自由，難道剝奪隱私權？另一方面越來越多的居家因為安全的理由，在住宅的各個角落安裝閉錄攝影機，同樣是全天候由保全公司監控，有些還提供顧客可以二十四小時在網站上自行監控。再加上，都市安全系統滿街安置的長距離高解析閉錄監視器，全方位全天候監視著所有流動的人員與車輛。從此家庭監獄計畫，很快地轉過來變成監獄家庭（prison-domicile）計畫。於是我們問：如果懲罰是隱私權之剝奪的話，那麼犯人與非犯人之間已經沒有差別。如果監控本身就是一種懲罰的話，第三紀元的所有人類都將是住在地球監獄（prison globale）之中，每個人都在「有眼無視」（l'œil sans regard）機器的監控之下。

笑一個，您正被拍攝中！（Souriez, vous êtes filmés！）

大型超市裡幽默的警語，告訴您不再是一個孤獨

寂寞的購物者，因為永遠有一隻眼睛隨時與你同在。
另一個眼是另一個出現並不在場的存在（l'être présent
qui est pas la）。很快地這個可愛的警語就像交通號誌一
樣，在各大街小巷見到，成為大都會一景。都市的安
全問題，變成是照明的問題，只不過這個照明不是用
「直接光線」（日光與燈光），而是閉錄電視監控系統的
「間接光線」。「現在，物件在觀看我們！」保羅·克
利（Paul Klee）這句話絕不是畫家的幻想，而是閉錄
監控社會裡的電傳真實。因為，在閉錄電視監控系統
的另一端，監控我們的不是警察或安全人員，而是一
部自動分析錄影畫面的電腦（infographie）。一部沒有
注視的觀看機器（machine de vision sans regard）❹正
在觀看著我們。未來的大監禁裡，所監禁不再是瘋
癲，而是所有會動的物體。所有過度激烈的動作、過
高頻率的聲音、太快的運動、異常的行為，總之所有
電腦影像處理程式所設定的非「正常」，可能被視為潛
在暴力傾向的運動，而成為這個監控機器所「注視」
和追蹤的目標。

　　AOL在法國電視的廣告：「AOL讓INTERNET變
得容易，從此您與您所愛的人之間不再有時間與空
間。」廣告語藝？也許！但也道出電傳托邦的沒有時
間與空間的「真實」，同時道出這個真實的矛盾：既然
沒有時間與空間，那麼又如何相愛？於是，我們看到

電傳科技界面活動分裂社會的另一現象：電傳性愛
（télésexualité）和網際性愛（cybersexualité），一種遠距
離傳輸或在網際網絡上進行的性愛關係。在電傳或網
際的性關係裡，性愛在網際的遠距離進行，肌膚之親
突然之間變成不潔的噁心。讓性愛伴侶彼此在一起不
是相互吸收，反而是相互拒斥。「拒人於千里之外」
才是遠傳愛情故事的開端。拒斥不只是拒斥妻子和情
人的親近關係，而也是拒斥所有鄰近的實體存在（l'
être réel de proche），偏愛遠方的虛擬存在（l'être
virtuel de lointain）。過去把女人當物件（femme-objet）
的性欲望和性幻想，突然之間變成將物件當女人
（objet-femme）**❹**。

　　瓦雷西（Paul Valéry）也許會後悔說出「人體最深
層的部分，就是皮膚」**❷**的話，因為明日資訊衣將成
為人類更深層、更敏感的第二層皮膚。更深層不只是
空間的深度，而更是時間的深度。更敏感，因為性感
帶（zone érogène）不只是特定部位的敏感，而是每一
平均分佈密度點的強度。女性主義哲學家伊希嘉黑
（Luce Irigaray）宣稱女人有「自身情色」（auto-
érotisme）的能力，因為「女人幾乎全身到處都有性器
官」**❸**。不久，第二層皮層資訊衣帶來的網際性愛，
也將趕上女性主義的潮流，賦予男人（人類）全身都
是性器官的美夢，而「自身情色」的能力也變成「自

動情色」（érotisme automatique）的能力。從此，不再需要去購買性感內衣（sous-vêtement）取悅別人，而是購買「性感外衣」（survêtement）取悅自己。資訊的性感外衣遍佈電波能夠將遠方性伴侶的情感和觸覺都解碼，以實況時間再現。「虛擬愛情」（l'amour virtuel），沒有比這種高傳眞（haute-fidélité）和高敏感（haute-relief）的虛擬愛情更忠實的愛情（l'amour le plus fidel est l'amour virtuel de haute-fidélité）。

　　「變性癖」（transsexualité）是違背男女性別差異所產生快感的性倒錯（perversion），那麼「跨性癖」（trans-sexualité）則是違背或跨越一切差異所產生的快感（une sexualité de transgression générale）。不只是跨越男女性別界線所產生性快感的雙性戀（bisexuel）或變性（transsexuel），不只是跨越物種（espèce）差異禁忌的戀獸癖（bestialité, zoophile），從人體跨越到物體的戀物癖（fétichisme）。「跨性癖」更是一種遠與近的跨越、眞實與虛擬的跨越、人體與機器的跨越所產生的性快感。如果包居雅可以這麼說：「我們都是變性人！」（Nous sommes tous transsexuels！）❹那麼我們更可以說，「我們都是跨性人！」（Nous sommes tous trans-sexuels！）我們是不是也應該在長長的性倒錯之性病態清單上，緊接著戀童癖（pédophile）和戀獸癖之後，加上「戀科技癖」（technophile）和「戀機器癖」

（machinophile）呢？

「倒錯／反常」（pervertir）源於拉丁文字根 "per-vertere"（倒轉、翻轉），其意義不只是「變壞、腐敗或毒害」，同時也有「以擾亂或轉移來改變原有的目的或意義」之意❹。於是，我們可以理解為何性倒錯或性反常如此令人厭惡和噁心，而且腐敗也毒害人心。因為它「違反自然」（contre-nature），違反正常的性關係，擾亂原有的性別社會政治秩序。然而，從這個意義來看，「反常」的不只是性變態的性反常，「倒錯」的也不只是如包居雅所說的，象徵意義的性別社會政治符號的交替。電傳科技對人類性行為、社會關係、空間與時間的認知觀念等，真實世界秩序（l'ordre du monde réel）的倒轉和翻轉則是更基本和關鍵的「反常」與「倒錯」。電傳性愛或網際性愛已經不再是性反常／倒錯而已，而是全面性的反常／倒錯（perversion générale）。如果性反常只是一種無傷大雅的性消遣（diversion sexuelle），而全面性的反常則不再只是社會消遣或解悶，而社會箝制❹（diversion sociale），一種透過分散、迂迴、轉移注意力，牽制終端人於一點，螢幕或終端機不斷消逝的那一點。

「性已不存在，恐懼取而代之」維希留這樣說❹。對他人的恐懼侵占了對他人的性吸引力。繼二十世紀人類性行為對愛滋病毒之恐懼後，我們等待二十一世

紀，網際性行為對他人（l'autrui）肌膚之親的恐懼。
屆時，我們需要的不是普通的保險套，而是普世的電
磁性保險套（préservatif universel et électromagnétique）
❹。於是，晃然之間，我們瞭解為什麼網際文化的廣
告宣傳要說：「唯有新的『性』享樂藝術才能拯救我
們！」

電傳科技的倫理問題（l'éthique de télétechnologie）

　　伽俐略時代就已經出現的爭議，「以望遠鏡觀看
算不算參加了彌撒？」這也許是古老的神學問題。觀
看電視現場轉播的禮拜或彌撒算不算是參加了一場眞
正的禮拜或彌撒？也許您不是教徒，這種無稽的宗教
問題或許與你無關。可是，明天學生問老師，帶著錄
音機或攝影機，現場或稍後再觀看老師上課，算不算
上課出席？如果高層政治人物，或是重要商業人士的
電傳會議（téléconférence）算是出席會議了，我實在
想不出有什麼理由拒絕學生，以錄音機或錄影機代替
出席。如果以實況時間的「電傳出現」（téléprésence en
temps réel）是一種與實體出現（présence physique）相
當的存在的話，我們也不能否認，另一種新的存在形
式正在我們電傳高科技的社會中漸漸形成：「電傳存
在」（télé-être），或是「數位存在」（être numérique）。

於是，在習慣的實體出現旁邊，我們也同樣熟悉另一種電傳科技所生產的電傳出現，在爭論不休的存在問題之後，又加上另一種存在形式：電傳存在。

通訊科技的高度發展已經在我們生存的電傳托邦裡產生「劇烈的」革命。原子爆炸和人口爆炸之後，二十世紀的第三顆威力炸彈：資訊爆炸也免不了波及在書本文字和電腦螢幕之間來回的哲學家腦袋。震撼之餘，也是思考電傳科技所引發的哲學問題之時候。電傳科技的哲學問題是一個倫理的問題。如果「存在是此時此地的出現」（L'être est le présent ici et maintenant）❹，那麼電傳出現（téléprésence）的三種天賦神性：分身性、立時性和瞬時性正將「此地」由「此時」取代。「存在於世」（l'être-au-monde）還是「存在於時」（l'être-au-temps）？怎麼樣的「世」？又是怎麼樣的「時」？如何安置存在的問題？不只是哲學思辨的問題，也是2000年以後倫理學思考的重要課題。

電傳倫理的問題首先是思考如何存在的問題裡，安置電傳存在？或甚至是如何在日益擴張的電傳托邦保留存在的問題？到底實體存在有優位／優先權？還是電傳（模像或數位）存在有優位／優先權？亦或是兩者？這問題似乎有些荒謬，有些遙遠，好像只有不著邊際的哲學家才會思考的問題。然而，我必須要告

訴讀者，這絕對不是不著邊際的哲學討論，也不是科幻想像的問題，而是每個當代「時民」每天遇到的問題。今年年初，我在巴黎的國家圖書館，因有問題詢問接待讀者的服務小姐，幾分鐘之後電話鈴響，是預約書的另一個讀者，服務小姐遲疑了兩秒鐘接電話，似乎問題不是那麼簡單，談話持續了一段時間，服務小姐不得不終止電話的談話，因為在我之後又有其他人排隊。服務小姐結束電話的說詞讓我深刻地思考電傳存在的倫理學問題，她說：「我必須先服務在我面前實體出席的人。」對這位服務小姐來說，存在的優位的倫理問題再清楚不過了，相對於電話裡出現的電傳存在，實體的存在有絕對的優位／優先權。

　　難道問題這樣就解決了嗎？相同的場景發生在我們每天每個時刻。當電話鈴響時，我們反射性地先接電話，留下面對面正在談話的人。我們真的意識到實體存在絕對優位於電傳存在了嗎？另一個同樣是日常生活的例子可能更顛覆我們原有堅信的理念。九〇年初原法屬東非小國盧安達（Rwanda）發生種族大屠殺，全法國人透過電視傳播與報導「目睹」人間慘劇之後，紛紛發動大規模人道援助，大部分的電視觀眾與社會輿論都給了受難者最大的同情與憐憫。災難本身就是一場動人的戲劇，尤其是透過電視螢幕。可是維希留似乎很懷疑這種人道的情感。他假設如果有一

天某一個盧安達乾瘦的小孩實體地出現在你我家門口，他可能不會像出現在電視機螢幕一樣受到憐憫和觀迎。實體出現的盧安達小孩對大部分的電視觀眾來說，是一個很大的震撼。震撼的是原本只會出現在電視螢幕的人物，現在怎麼會出現在眼前。震撼的當時，相對於所熟悉電視螢幕上的電傳出現，實體在場的小孩反而是一種幽靈的存在。相信很多人的第一個反應，反而是怎麼「解決」掉他。實體的存在真的優位於電傳的存在嗎？在盧安達小孩的例子裡，卻是完全相反的。

隨著電傳科技的發展，明日出現（présence）的問題不只是在場出現（le présent en présence）的問題，也同時是不在場出現，及電傳出現（le présent en téléprésence）的問題。存在也不只是此時此地的實體「存在於此」；同時也是只有現在此時的電傳存在的問題。「此地不再，一切都是此時此刻。」（L'ici n'est plus, tout est maintenant），維希留的這句名言，也就成為電傳存在的最佳說明。現在問題如何生活在此地不再，所有都是此時此刻的現在之電傳托邦？如何存活於一個真實可以立即性地分身，分化成兩個時間：一個在此時此地的出現，另一個在遠距離的電傳出現，兩者同樣是真實／實況，而同時兩者也相互衝撞和混淆。在面對電傳科技的發展，維希留提出一個很根本

的問題：如果存在是此時此地（hic et nunc）的出現，
電傳存在以實況時間的此時取代實際空間的此地，如
果拓樸空間的「存在於世」（l'être-au-monde）都變成
去拓樸空間的「存在於時」或實況時間的存在於世（l'
être-au-monde en temps réel），那麼在電傳托邦裡，
「存在於此」（Dasein, l'être-là）會成為什麼樣子？

　　如果實際空間成為實況時間的影子，就像時間成
為光線的影子一樣，那麼「此地不再，一切都是此時
此刻」的電傳存在會是什麼樣子？相對於海德格的
「存在於此」（Dasein），電傳存在是一種「不存在於此」
（le n'être-plus-là）或是「遠處存在」（l'être-loitain）及
「他處存在」（l'être-ailleurs）。「不存在於此」不是
「存在於此」的否定或反面，或是一種存在的形式，而
是一種「存在於此」，一種「存在於此」的刪除。刪除
並不是否定「存在於此」，而是肯定它。「不存在於此」
並非「不是」存在於此，而「是」存在於此。因此，
刪掉的「存在於此」成一種痕跡，一種存在於此消逝
的痕跡和一種不在場的出現（le present de l'absence）。
也就是說，「不存在於此」就成為「存在於此」的分
身與複製，也成為「存在於此」的影子或幽靈。

　　當然，透過電視的實況轉播、網絡的直接連線，
閉錄電視的現場監控，在場存在（l'être présent）在電
傳技術的高傳眞、高解析、高觸感（haut-relief）的傳

送之下，即時性地分身成電傳出現存在（l'être téléprésent）。傳訊（transmission）本身就是一種拋擲／拋棄（jet），以光速的拋擲／拋棄。傳訊的存在，當然也是一種「拋棄的存在」（l'être-jeté）。只不過這次已經不是棄之於「前」的客體或物體（ob-jectus），也不是棄置於理性、人性、意識之「下」的主體或主題（su-jectus），而是拋棄於「遠方」的軌體／軌跡（tra-jectus）。然而，「拋棄於遠方的存在」不應該被理解成在遠處某地的存在，既然在電傳托邦的去拓樸空間裡，空間的遠近已經沒有差距。拋棄於遠方的存在就完全與空間的指示，「棄」之前／之後、「棄」之上／之下、「棄」之內／之外無關，而是與光線－時間的即時性與瞬時性有關。於是，拋棄於遠方的存在也就是不存在於任何地方的存在（l'être-dans-nulle-part），因為被拋棄存在只存在於絕對光速的實況時間面向之上。拋棄於遠方的存在意謂著拋棄於實況時間的存在（l'être-jeté en temps réel）。

拋棄於實況時間的存在可以從兩層意義來理解，首先電傳存在是一種將存在拋擲於光速運動之中，一種將存在自身拋棄於絕對光速的暴力之中，不只是屈服於速度暴力的支配，更是自我拋棄於速度暴力的滅絕之中。在速度暴力的滅絕之中，沒有時間的持續，也沒有思考的主體，更沒有反省的能力，只剩下不間

斷且更快的反射動作，因為只有「超活」才能存活。
其次，將存在拋擲於光速運動之中的電傳存在也是讓
速度的暴力捲走，瞬間離開實際空間，立即拋出此時
此地的存在本身，拋棄於每秒三十萬公里的資訊層之
中。拔根而起，扶搖直上在速度層之中漂浮，永遠地
漂浮。

　　在速度層或資訊層永遠漂浮的存在意謂不斷居住
於拋擲軌道上的存在。從這裡到那裡，從這個到另一
個，介於動與不動之間、介於在場與不在場之間軌道
上的存在（l'être du trajet）。於是，維希留提議在現有
的主體和客體之間也應該有一個軌體（trajectivité）
❺，主觀的與客觀的之間也應該有一個軌跡的
（trajectif），第三個思考電傳托邦的基本概念。軌體
（trajectus），是一種永遠在光速的軌道上運動之存在，
永遠在實況時間裡漂浮的存在，到達不了棄之於前的
客體，任何思考的主體卻已經在速度的暴力之下清除
了，於是，在電傳托邦的國度裡，所有客體／物體／
客觀和主體／主題／主觀，完全靠電傳科技的軌體／
軌道／軌跡來決定，也就是立即性的傳訊實況時間，
在電視／電腦螢幕上的出現所構成的。軌體這個概念
正是指涉所有在空間與時間穿越（traverser）、經過
（passer）、穿透（percer）的存在，以其運動所留下的
痕跡。不論透過（à travers de）那一種支點、工具或材

料的trans-概念，交通（transport）、傳訊（transmission）、移植（transplantation）、轉化（transformation）、傳遞（transférer）、違背（transgression）、越位（transposition）、變性或跨性（trans-sexualite）等，都離不開這種軌體的範疇。即不主觀也不客觀的觀點，而是從實況時間的觀點，從速度透視法和時間透視法來看這個去拓樸的世界，也就是軌跡（trajectif）的觀點。

　　電傳科技的倫理問題也就必須從這個軌跡的觀點來談。從軌跡的觀點來看，電傳出現是一種présent。"présent"不只是相對於缺席不在場的出席在場，也同時有另一個歧義相對於過去或未來的現在。所以一個存在的出現，同時表達空間地點的出席／在場和時間現時性的現在。然而電傳出現卻消除了présent的空間性的在場出席，只留下了現時性時間的現在。或是說，電傳出現的存在是以現在同時展現去空間性的出席和實況時間的現時性。於是，畫上「×」的présent表達這種抹去空間性在場，只留下即時性現在的痕跡。電傳出現的présent是一種消逝的美學，實體存在或實體出現消逝所留下的痕跡。然而，消逝的痕跡卻抹去了實體的存在，也抹去了實體存在與電傳存在之差別，以及實體出現與電傳出現之間的差別。痕跡不能作為一種出現，而是一種拆散、移動、相互駁斥，

沒有特定的場所的出現之擬象。因為，抹去本身就屬
於痕跡的結構。

　　對德希達來說，西方哲學形上學的傳統自柏拉圖
到黑格爾，從前蘇格拉底到海德格，都是以聲音與話
語為優位的邏各斯中心主義（logocentrisme）。作為真
理、理性、萬物法則和思考的邏各斯（logos），其真正
的意涵在德希達看來，不應該只是邏輯，而應該是話
語（parole），言談說出來的話語。比起寫出來的話
語，說之所以具有優位性乃是它更接近內心的經驗，
更接近實體的存在和自我在場（présence à soi），更接
近一般真理的源頭，真理的真理。在這種邏各斯中心
主義的陰影之下，書寫只不過是話語的一種痕跡
（trace），一種分延（différance），一種補充
（supplément）而已。

　　當然，就像他在《論文字學》裡，書寫的概念遠
超過了傳統運用的語言（langage）的概念，它包含一
切的記錄，即使是與文字無關的電影記錄
（cinématographie）、舞譜（chorégraphie）、樂譜、雕
塑，乃至於生物學裡活細胞即存的基因設定（pro-
gramme）和電腦擬控程式都是在書寫的範疇❺❶。於
是，在德希達的「書寫」這枝大筆的揮毫之下，很明
顯地，我們今日乃至於未來討論的電腦處理影像
（infographie）、三度空間動畫（holographie）和錄影記

錄（vidéographie）沒有一個能逃出這枝大筆墨汁的揮灑。然而，數位電視、閉錄電視和網絡上以實況時間呈現的LIVE，還能放在「書寫」這個大的筆筒裡嗎？

如果，電傳科技實況傳送的影像還能稱之為書寫的話，那必定是「最後的書寫」。一種承載聲音、影像，乃至氣味和觸感，且立即性地以實況時間傳輸的書寫。這種書寫遠超越傳統電傳書寫（télégraphie）的概念，而是「全書寫」（onmi-écriture）❷。最後一個書寫，在全書寫之後不會再有更接近話語的書寫。不只是更接近話語，甚至可能都超越話語，而更接近邏各斯本身，畢竟話語只是聲音，而全書寫卻是完全展現邏各斯的聲音、影像，乃至氣味和觸感。於是，很矛盾的，最後一個順位的「全書寫」反而是最接近，乃至超越第一順位的「原書寫」（archi-écriture）：話語（parole）。

在邏各斯中心主義裡，讓話語，這個原書寫可以如此接近理念和思考的邏各斯的是立即性的音素（phone）。事實上，邏各斯中心主義本身就是聲音中心主義（phonocentrisme）：聲音與存在，聲音與存在之涵義，聲音與涵義的理念之間，具有的絕對親近。然而，立即實況時間傳輸的全書寫，不再是透過音素，而是光子（photon）使實況傳訊的影像／聲音／觸感／氣味，總之，傳訊的存在（l'être transmis）比話語的

存在（l'être parle）更接近實體出現的存在。在場存在
（l'être présent）與傳訊存在之間絕對親近是透過電子
與光子的絕對速度。在電傳托邦裡，「聲音中心主義」
突然之間變成「光子中心主義」（luminocentrisme）。儘
管違反解構大師的意願，電傳托邦還是從「邏各斯中
心主義」轉化成數理邏輯的「邏輯斯多中心主義」
（logistocentrisme）。一種以數理邏輯計算（logistique）
為中心的思考世界。

　　從「邏各斯中心主義」到「邏輯斯多中心主義」，
不應該理解成從一個中心到另一個中心。因為後者從
來沒有脫離前者的陰影。不論是反對排斥電傳科技的
人（télétechnophobie）：維希留所期望的「反抗
軍」；或支持喜愛電傳科技的人（télétechnophile）：
維希留所指責的「共謀人」❸，都逃脫不了邏各斯中
心主義的書寫。支持的「共謀人」宣稱電傳科技將可
以增進人與人之間的溝通，更進一步接近一般的真
理，也就更接近邏各斯。另一邊，反對的「反抗軍」
指責電傳科技的速度與資訊所具有的絕對權力將泯滅
人性，電傳出現將會取代實體的出現，電傳存在將取
代實體的存在，只會使我們更遠離邏各斯。於是，兩
方各自「文以載道」地辯護，但不論以何種「文」，文
字的書寫，或是影像／聲音／觸感的全書寫，但所載
的「道」卻一致都是邏各斯。所以，邏輯斯多中心主

義並不是判定邏各斯中心主義的終結，而是另一個開始。舊瓶裝新酒，另一個變裝的開始。就像書寫是話語的變裝，變裝不只是改變衣裝而已，而是反串（travestissement）❺❹，從一性別反串成另一性別、從次要角色反串成主要角色、從從屬的地位反串成主宰的地位。邏輯斯多中心主義的反串意謂從電傳出現反串成實體的出現、從電傳存在反串成實體存在，電傳真實反串真實，一種比似真還逼真的反串。

就像書寫是話語的補充一樣，電傳出現是實體出現的補充，一種（時間與空間雙重意義）不在場時的補充。補充是不得已的取代，就像盧梭在《懺悔錄》裡，以華倫夫人補充早死的媽媽，再以手淫補充不在場的華倫夫人，而書寫也是話語不在場時的補充。同樣的，我們可以理解電傳出現也當然就是實體出現不在場時的補充，一種不得已工具性的、人工的、外加的補充。然而，每一次的補充都越遠離自然狀態，「媽媽」、正常性生活，也更遠離真理的邏各斯、話語或實體存在。對盧梭來說，華倫夫人、手淫和書寫都是危險的補充，當然電傳出現也是實體出現不得已卻危險的補充。補充的危險不只是它遠離了自然狀態和邏各斯，更危險的是它會篡位（usurper）純潔／原本／本位的話語或實體存在。篡位，是一種範疇或層級的僭越，也就是占有不屬於或不應該它的地位。電傳

出現作為一個危險的補充，是因為它占有實體出現的
地位。

　　如果書寫是話語的一種補充，而且是一種危險的
補充的話，如果以實況時間立即傳輸的影像＋聲音＋
文字＋觸感還是依舊是一種書寫（也就是全書寫）的
話，那麼全書寫是不是另一個補充呢？另一個更危險
的補充？而最後一個全書寫是不是又是最先一個原書
寫更完整的補充呢？補充的補充，一種補充鏈：書寫
是話語（原書寫）的補充，全書寫是書寫的補充。全
書寫的補充卻最完整，最接近眞實／眞理在場存在的
邏各斯。於是，我們要問在補充鏈的另一端，話語會
不會成為全書寫的補充呢？

　　然而，電傳存在與實體存在，電傳出現與實體出
現之間不也是一種差異化（différer）的操作嗎？所有
的差異化的操作，不論是本體論、認識論，乃至形上
學的差異，絕不滿足區分兩者不同或對立的關係，而
是在生產一種位階高低的結構，上／下、主宰／服
從、本位／從屬的關係。維希留關於電傳出現與實體
出現，以及電傳存在與實體存在的區分，當然也不是
只滿足於將前者從後者區分開來，說明其間的差異而
已，而是生產位階高低的倫理結構，進而建立「正確
的」倫理關係：實體出現和存在是為上的／本位的／
主宰的，而電傳出現為下的／服從的／從屬的。維希

留所有關於電傳科技的書寫,都是在建立也確立未來
電傳托邦倫理關係的結構。所以,在他的書寫裡,不
斷地從原有的字彙裡分化另創新的字彙,其重點絕不
只是以新的字彙描述電傳托邦的新的現象,而是在強
調電傳科技「取代」、「替代」、「僭位」的危機。而
他關於時間建築的書寫,也絕不只是在空間建築之後
提出另一個新的建築概念反省與思考。畢竟在他看
來,實際空間和實況時間之間,真實與虛擬之間,地
方性與全球性之間,實體出現與電傳出現之間,沒有
「共存」的關係,只能有主從的倫理關係而已。於是,
我們可以理解為什麼維希留,以及所有電傳科技厭惡
者如此譴責電傳出現和電傳存在?原本只是外加、補
充、從屬的科技與技藝,如今卻危險地威脅乃至篡奪
作為本身、正位、主宰的實體出現與實體存在。

實體存在還是電傳存在具有優位性?多麼愚蠢的
問題!在維希留的倫理關係脈絡裡,這根本是一個不
必討論的問題,就算討論這個問題也應該必須是譴責
討伐電傳存在的在倫理範疇上的僭位,或再一次重申
電傳出現與實體出現之間主從的倫理關係。然而,如
此正位之後,如果我們再問:「實體存在真的有優位
性嗎?」還會是一個愚蠢的問題?還是一個會干擾倫
理次序的問題?

等待2000年的世界時間（En attendant le temps mondial de l'an 2000）

　　如果交通與運輸革命之後，發生了交通與運輸的意外，今日的通訊與傳輸革命，我們也將等待明日通訊與傳輸的意外。意外（accident），其拉丁文的原意是「突如其來」或「突然來臨」（survenir）的事物。意外與來臨之間原本就是不可分離的兩面。在未來資訊傳訊界面活動的全面化來臨，我們也等待未來全面性意外（l'accident général）的來臨。全面性意外不再是突然發生於某時某地的意外事件，而是在世界化的實況時間上，到處都發生的現在立即性意外。等待2000年的來臨，我們不也正在等待「2000年」這個事件可能造成資訊災害的意外？於是，「2000年」這個歷史上的事件，不只是時間的來臨，也可能成為意外的來臨。「時間是意外的來臨！」（le temps c'est l'accident des accidents）❺古希臘哲學家，艾庇居（Epicure）在談到歷史的時候這樣寫道。作為時間建築師的維希留，在「建構」實況時間的世界城市的時候，他覺得有責任預警這種實況時間世界化可能帶來的全面性意外。將實況時間世界化意謂著將實際空間虛擬化的災難。

世界城市是巴別塔！

這是個隱喻嗎？當然，它不只是一個隱喻，還是一個越位的隱喻。將實況時間的世界城市當做巴別塔的隱喻❺❻，不正是啓示錄世界末日的電傳技科版？當然，維希留面對電傳科技全面性意外的威脅，這種天主教式的人文關懷是完全可以理解的。然而，將電傳托邦的世界城市比爲聖經啓示錄的巴別塔，終端人的時民比爲不聽上帝話的子民，我們還可以輕易地想像電傳的全書寫，將重新統一被上帝分散的各地方言。不聽上帝的話（邏各斯），使用世界通用的語言（全書寫），重建第三紀元的巴別塔（世界城市）。巴別塔隱喻的作用在於警示，警示世界城市這個電傳托邦的巴別塔的倒塌。（也許因爲未來的某一次大地震吧！）於是，透過巴別塔的隱喻，從電傳倫理僭位批評越位到基督教倫理僭位譴責。

然而，我不是上帝的子民，只不過是基督教世界的「異教徒」而已。不管全知全能的，無所不在的是上帝，還是速度政權的絕對權力，狡猾多詐的Hermès❺❼還是我最崇拜的一個神。「做個異教徒吧！」我又聽到李歐塔在他的新墳裡，輕輕地召喚。

等待2000年的來臨，那一個「2000年」？基督誕生後的第二個千年？物理時間的第2000年？還是實況

時間的「2000年」？誰說《2000年將不會發生》❺❽？
不！在電傳托邦裡，2000年不只是會發生，而且會發
生兩次。一次是全球各地將這個歷史事件數位化或轉
化成光電的粒子；加速以便用光速傳輸到全球各地；
另一次是讓它減速成肉眼才能親見的真實事件。只不
過兩次發生的差距是三十萬分之一秒而已。不論是千
年福音的二千年，還是物理時間的2000年，都將會在
電傳技科的加速之下，透過電視螢幕或電腦網絡，全
球現場轉播成為實況時間的「2000年」。因此，全球轉
播實況時間的「2000年」，正是電傳托邦世界時間的歸
零，世界時間的開始。於是，我們所等待的2000年當
然是另一紀元的開始，一個各地時間終止，世界時間
開始的電傳托邦世界。

　　「世界終止的時間開始了！」瓦雷西這樣說。

　　「時間終止的世界開始了！」維希留倒過來說❺❾。

邱德亮

法國高等社會科學院

注　釋

❶這裡，請恕我借用李歐塔的概念，而在翻譯時作了點手腳。與其將 "theorie-fiction" 譯成「虛構理論」，這裡順著文脈譯成「科幻理論」。Lyotard, Jean-Francois, *Rudiments paiens*, Paris, 1977, 10/18, p.45.

❷Virilio, Paul, *L'espace critique*, Paris: Christian Bourgois, 1984, p.49.

❸也許地球與月球之間通訊會有一秒多的差異，地球與太陽之間會有八分鐘左右的差異。

❹Tannoudji, Cohe, G. et Spiro M. *La matière-espace-temps,* Paris, Fayard, 1986. 及Virilio, Paul, *La vitesse de libération,* chapitre "le troisième intervalle", Paris, Galilee. 1995.

❺Virilio Paul, *L'espace critique,* p.18.

❻Virilio Paul, *La vitesse de libération,* p.42.

❼Virilio Paul, *L'inertie polaire,* 1990, Paris: Christian Bourgois, pp.18, 21, 27, 108, 111及同上註, p.50.

❽Virilio Paul, *L'espace critique,* pp.35, 39.

❾Virilio Paul, *L'horizon négatif,* p.144. ; La vitesse de libération, p.14 ; L'inertie polaire, p.105 .

❿在相對論裡，在光之宇宙線交錯形成之光圓錐（cône caractéristique）以外的部分。

⓫Virilio Paul, *La vitesse de libération,* pp.76, 79.

⓬Heidegger, Martin, "batir, habiter, penser", in *Essais et Conférences*, traduit de l'allemand par André Preau, Paris, Gallimard, 1958.

⓭高速鐵路和超音速飛機常造成人們對空間距離的暈眩效應：越遠的越近，越近反而越遠。市中心與市中心的距離往往比市中心與郊區之間距離還近，巴黎—倫敦的「距離」可能比到某些巴黎郊區還「近」。

⓮Virilio Paul, *La vitesse de libération,* pp.95, 105, 175; Virilio

Paul, Cybermonde, *la politique du pire*, 1996, Paris: Textuelle, p.41.

⑮同上註, pp.94, 95, 107, 175.

⑯Virilio, Paul, *Voyage d 'hier*. entretiens entre Paul Virilio et Marianne Brausch, Paris, Edition Parenthèse, 1997, p.72.

⑰Virilio Paul, *L 'inertie polaire*, pp.18, 90; *La vitesse de libération*, pp.28, 73, 90, 174.

⑱如最新發展的智慧型冰箱，從菜單到購物直接由電腦透過網際網絡完成。

⑲Virilio Paul, *L 'inertie polaire*, p.128.

⑳同上註, pp.129, 133.

㉑Virilio Paul, *L 'inertie polaire*, p.122.

㉒Virilio Paul, *La vitesse de libération*, p.65.

㉓Virilio Paul, "la loi de proximite" in *la vitesse de libération*, pp.65-74.

㉔Virilio Paul, *L 'inertie polaire*, pp.39-74.

㉕dromo-, 希臘文字根，意指「競賽」(course)。

㉖Virilio Paul, *Vitesse et Politique*, 1995, Paris: Galilée, p.54.

㉗事實上，讓我們不能下車，走出車廂的，並不是車廂的牆壁或車門的關閉，而是速度本身。於是，速度形成一面牆。

㉘Virilio Paul, *Cybermonde, la politique du pire*, pp.17; *La machine de vision*, 1988, Paris: Galilée, p.17; *Esthétique de la disparition*, 1989, Paris: Galilée, Livre de poche, pp.26 , 28.

㉙Virilio Paul, Cybermonde, la politique du pire, p.17.

㉚同上註, p.19; Virilio Paul, *L 'espace critique*, 1984, p.162.

㉛Virilio Paul, *L 'espace critique*, pp.157, 167; *L 'horizon négatif*, p.64.

㉜Virilio Paul, *L 'espace critique*, p.9.

㉝Virilio Paul, *La vitesse de libération*, p.95.

㉞Virilio Paul, *L 'espace critique*, pp.27, 28.

㉟Lyotard, Jean-Francois（avec Jean-Loup Thebaud）, *Au juste,* 1979, Paris: Chrstian Bourgois, p.82.

㊱Baudrillard, *Jean, Le Miroir de la production,* Galillée, Livre de Poche, 1975, p.7.

㊲Derride, Jacques, *Spectres de Marx,* 1993, Paris: Galillée, pp.94.

㊳Bourdieu, Pierre, *La domination masculine,* 1998, Paris, Seuil, pp.39-48.

㊴Virilio Paul, *L 'horizon négatif ,* p.70.

㊵Virilio Paul, *La machine de vision,* pp.125-158.

㊶Virilio Paul, *La vitesse de libération,* p.127.

㊷同上註，p.129.

㊸Irigaray, Luce, *Ce sexe qui n 'en est pas un,* 1977, Paris, Minuit, p.21.

㊹Baudrillard, Jean, "Transsexuel" in *La transparence du Mal: Essai sur les phénomènes extrêmes,* 1990, Paris: Galilée, pp.28-32.同篇覆載於"Nous sommes tous transsexuels" in *Ecran total,* 1997, Paris: Galilée, pp.19-24.

㊺Le Petit Robert, dictionnaire de la langue française.

㊻Diversion在法文有兩層意義：一是軍事用語裡，以迂迴戰術，轉移注意力，而牽制或箝制敵人。另一個是分散太過集中注意力的消遣、解悶。

㊼Virilio Paul, *La vitesse de libération,* p.138.

㊽同上註, p.129.

㊾Virilio Paul, Cybermonde, la politique du pire, p.44.

㊿Virilio Paul, *La vitesse de libération,* p.37.

51「事實上，自從一段時間以來，由於某個動作和某些深層需要的動機，到處我們說「語言」來指涉行為、運動、思考、反省、意識、無意識、經驗、情感、性等，那是因為揭穿敗壞容易而識破其源起難。現在我們（on）傾向於以「書寫」來說所有的這些和其他的東西：不僅是來指涉書面文字

(litérrale)、圖形文字（pictographique）或表達文字（idéographique）記錄的肢體動作，也同時也指涉使之成爲可能的全部；同時也超過能指的那一面，而到所指本身那一面；以此，所有能夠招致一般性的記錄，不論它是書面文字與否，就算它在空間的分佈與聲音次序毫不相干，如電影記錄（cinématographie）、舞譜（chorégraphie），當然也包括圖像、音樂和彫塑等的「書寫」。我們也可以說競技（athlétique）的書寫，更確定的是，也可以想像今日支配軍事和政治領域的書寫技術。所有的這些不只是描述次要地附屬於這些活動的標記系統，而是這些活動本身的本質與內容。也正是在這層意義之下，今日生物學家談到活細胞裡最基本的資訊進程時，提出書寫或前—文字的設計（pro-gramme）。最後不論是否有本質的限制，所有牽涉到擬控程式的領域也將都是書寫領域。假定擬控理論自己本身可以趕走所有形上學的概念——直到靈魂、生命、價值、選擇、記憶，乃至那些不久以前使機械與人對立的概念。它還是必須保存書寫、痕跡、文字或字母的概念，直到其歷史—形上學的屬性也都顯露出來。」Derrida, Jacques, *De la grammatologie,* 1967, Paris: Minuit, p.19.

(52)我不得不另創新字來說明未來這種足以記錄所有聲音、影像、觸感和氣味以實況時間立即傳訊的書寫，如果它還是一種書寫形式的話。

(53)Virilio Paul, Cybermonde, la politique du pire, pp.77-78.

(54)Derrida, Jacques, *De la grammatologie,* p.52.

(55)Epicure, *Maximes principales,* 1963, Romes: H. Usener, 294; Virilio Paul, *La vitesse de libération,* pp.27, 148, 152.

(56)Virilio Paul, Cybermonde, la politique du pire, p.77 ; La bombe informatique, 1997, Paris: Galilée, p.145; La vitesse de libération, p.176.

(57)Hermes, 奧林匹克的傳訊神，向來藝術作品以腳上長翅膀的

形象出現。希臘神話中，祂尤其是以狡猾多詐的個性著名，羅馬人稱之爲Mercure。

(58)Baudrillard, Jean, "L'an 2000 ne passera pas" !, in *Traverses,* 1984, Paris: Centre Georges-Pompidou.

(59)Virilio Paul, La vitesse de libération, p.92.

1

　　失神❶時常突如其來地在早餐發生，而被鬆開、翻覆於桌上的杯子則是一個常見的結果。失神延續了幾秒，其開始與結束都是突然的。諸感官保持警醒，然而卻對外在感受封閉。回復也如開始般即刻發生，停住的言談與姿勢從它們被中斷處重新拾起，意識之時間自動重新黏合，且組成連續、表面上無斷裂之時間。失神可能為數極多，每天數百回，且常完全不令周遭知覺的經過，因之以「失神癲」（picnolepsie）這個詞稱之（來自希臘文picnos，頻繁的❷）❸。然而，對失神癲患者卻什麼也未發生，失神的空檔並不曾存在；每次發作都僅有一小段連他都感受不到的時間逃逸無蹤。

　　小孩最常感染這種失神癲，且年幼失神癲患者的狀況並不致發展到不可忍受的地步。他們被強迫去見證他們所不曾目睹的事件（儘管這些事件確實發生於他們在場之時），而且就彷如他們不及趕到現場一樣，他們被視同遲到，且被要求承認對此事隱瞞與撒謊。基於其親人要求下所帶來的隱隱困窘與焦躁，他們必須一再地去搜尋在其記憶界限之外的訊息。當一束花

被擺放在這些小失神癲患者眼前且要求他們素描時，他們會不僅畫出花，而且畫出可能將花插入花瓶的人與花被採摘的花圃。習慣性地重新黏合前後順序，校準它們的輪廓以使所看與所沒看到（或所記憶與早不復記憶）之事物間達成一種等同，而且還得有所發明或重建，以給予「縱橫全場」（discursus）❹的逼真性。稍後，年輕的失神癲患者將對知識與對周遭所見心生疑慮，一切確然之事都將變得可疑，而且他傾向於相信〔如謝克斯圖・盎比希鳩（Sextus Empiricus）〕什麼都不存在，且即使有某一存在，也不可能被呈現，而倘若它可被呈現，也絕對無法與其他的存在交流與解釋。

　　一九一三年左右，瓦特・班傑明（Walter Benjamin）寫道：「……我們對婦女文化毫無體驗就如我們對青年文化一無所悉般。」而這個婦女－小孩的庸俗對照卻可在希謝（Richet）博士的思考中獲得了正當性：「歇斯底里患者比其他女人更女人，她們具有某些流動與熱烈的感受，也具有動態與卓越的想像，其中對於以理性及判斷掌控這些感受與想像無能為力❺。」

　　而正如婦女一樣，小孩隱約地將遊戲等同於不順從，小孩的社會將他們的活動圍繞於某種神秘與真正的策略中，其由成人眼光看來極難忍受，也令他們在其面前感到無可言喻的羞愧。因為遊戲的不確定性又

重新滋生了失神癲患者的不確定性（其既突兀又該受指責的特性）。每天早上那些極難被喚醒的小孩子清醒後，毫不知情地便又失神了，且無意地就打翻他們的杯子，而且總是被視為動作笨拙、被責罵、且最後還被處罰。

我在此憑回憶錄下攝影師賈克－昂希・拉提格（Jacques-Henri Lartigue）最近在一次訪談中所說的話：

問：您剛才提及「視覺陷阱」，或類似的詞，指的是您的相機嗎？

答：不是，完全不是。那是更早的事，是我小時候曾做的一件事。我半閉著眼，使其只剩一小條細縫，它可以讓我強烈地看到我所想看到的事物，然後我自己連轉三圈，這樣我就會認為我已經被陷阱（我所看到的東西）所捉住或攫住，我將能隨意地保有我所看到之物，且包括其味道與聲音。當然，長久下來，我意識到我這一招其實無效，它只有在我運用科技工具時才可能達成……。

另一個攝影師則寫道，他的第一個暗房是他童年的房間。而他的第一顆鏡頭，則是關上窗板後的光線縫隙。然而在小拉提格身上較獨特的，則是他將自己的身體類比於相機，將眼腔類比於科技工具的皮腔，

曝光時間類比於自己連轉三圈。他感到其中存在著某種脈絡，而這個脈胳可以藉由某種本領來重建。小孩拉提格因而停駐於此，而且失神。由於獲得了某種速度，他成功地變動了他的感覺時間（durée sensible），他將其自生活經驗時間中剝離開來。如果想停止「記錄」，他只需致使身體加速，一陣昏頭轉向便可將周遭化約成某種光亮的混沌。且每當他回復正常，想試著顯影時，他就僅獲得遠比這些影像的諸變化更為清晰的知覺。小孩的社會常常使用迴旋、繞圈或失衡的旋轉，以尋覓暈眩或顛狂的感受並引為快感之源。著名的漫畫家呂·布哈德費（Luc Bradefer）便是用同一手法使其主角的汽車穿梭於時空旅行：經由如陀螺般旋轉，「時間領域」（chronosphère）得以逃脫當前的表象。

在另一種遊戲中，編號1的小孩面對著牆，背對站在一段距離外起始線上的其他玩伴。1號小孩捶牆三下後猛然回頭望向他的玩伴們，在這期間，他們得朝他走去且在他轉頭前回復一種不動的姿勢。被1號小孩捉到還在動的人出局，而能最先抵達牆邊且未被1號小孩認出其走動的，就獲勝，且取代1號小孩。這就如球賽的格律分析（scansion），其朝地面、一堵牆或朝一個玩伴被越擲越高，越擲越快。這似乎較不是一個被靈活地拋來拋去的物體，而是它被急轉圈子的遊戲者拋

出、放大、變形或消抹的影像。這讓人想起蒙德柏（Mandelbrot）線團的「蹦跳作用」（sautillement）❻——數字上的結果（由零到數個向度）取決於被觀察物與觀察者間（即其間距）的距離關係。

如果問年紀較大一點後的拉提格，他如何能保住其青春外貌。他將不費吹灰之力的答道，因爲他懂得掌控他的身體，使其服從。幻想的破滅，對自身權力的失去迫使其得憑藉科技性義肢（prothèses techniques）❼（攝影、架上畫、快速交通工具……），但並未因此完全摧毀其孩提時對身體的要求。然而如同人盡皆知的，細胞組織的全面老化自最生嫩的年紀便已開始，而眼睛水晶體很早便老化了，因爲視覺的調節幅度自八歲便開始減弱，一直到老花眼降臨的五十歲。大腦的神經細胞自五歲起便以一種不可逆轉的方式開始衰減。小孩已經是一個有生理殘缺的老人，而求助於義肢在此真正取得了人工添加物之義，其作爲取代或補足衰退器官之用。遊戲因而是一種簡單的藝術，與隨機所簽訂的合約只是表達一個涉及動態知覺相對性的基本問題，對形式的追隨僅只是對時間的技術性追隨。這個從每個人一出生便已開始的遊戲既不天真也不奇怪，它就是其工具，其規則與其再現的嚴肅性本身，其弔詭地在小孩身上啓動了歡愉甚至激情：某幾條轉瞬即逝的線或符號，某幾個獨特的數字，某幾塊

碎石子或小骨頭……。遊戲的本質被分配在看見與沒看見這兩個極端之間。這是何以其建構（其一致性）自發地將小孩推向對規則的接受，並將我們帶往失神癲的經驗中。

越是對這極古老的「小疾患」（petit mal）研究，它就越呈現廣泛、歧異與不為人知的一面。長久論爭關於它是癲癇的附屬物，其無法確定的診斷，危機其經由周遭與患者本身完全無法察覺的方式發作，註定將被所有人忽略。且問題在於：誰是失神癲患者？我們可能可以在今天回答，或，誰過去不曾或不是失神癲患者？

失神癲因此可被定義為集體現象，就如對應於夢的反常睡眠（sommeil paradoxal，快眠）觀念一樣，失神癲在意識層面上添加了一種反常警醒狀態（veille paradoxal，一種快速警醒）。總之，我們的意識生活被認為缺少夢便不可想像，其缺少了快速警醒同樣也不可想像。

「拍攝那不存在的」，今日英國的特效專家們仍如是說。其實他們說的不對之處，是他們所拍攝之物仍以某些種方式存在著，真正不存在或純粹由電影馬達所發明之物，是速度。關於特效，或不如用「作偽畫面」（truquage）這個不太學術的詞，梅里埃（Méliès）開玩笑地說：「這個被巧妙運用的技巧在今日使得超

自然的、想像的、不可能的，都變得可見。」

　　當時各大製片也承認，梅里埃將電影從「外景主題」式的寫實主義（其很快地已使群眾感到疲乏）中抽離，維繫住了群眾❽。梅里埃接著又指出：「我必須表露我最大的遺憾，因為正是最簡單的技巧達到了最大效果。」而必須回想一下的是，他如何發明這個如此簡單的技巧，而其（根據他的說法）卻又如此地取悅了群眾：

　　「我所使用的、由機器達成的停格（blocage de l'appareil）產生了一種非預期的效果。有一天我在歌劇院廣場上乏味地拍著照，必須一分鐘才能取下膠卷，並重新啟動機器。在這段期間，行人、公共馬車、汽車都已移動了位置。在放映顯影後的這卷膠卷時，我竟看到一輛往來於馬德蓮那與巴士底（Madeleine-Bastille）的公共汽車突然變成靈車，而男人變成女人。這種被稱為停格技巧（truc à arrêt）的替換技巧於是被發現了。二天以後，我便施行了第一次讓男人成為女人的變形。」

　　科技的偶然性重建了失神癲發作時的去同步性情境（circonstances désynchronisantes），而梅里埃則將撕碎被拍攝瞬間的次序系列之權力付予了馬達，其如小孩般重新黏回這些序列，且如是消除了表面上的時間裂縫。只是在此，「空隙」（blanc）是如此的長，以至

於眞實的效果被徹底修改了。

　　「接續中的影像再現了不同的位置，一個生物以任一步伐前進，其在空間中將占據一系列的瞬間。」這個對連續攝影術（chronophotographie）的定義由其發明者工程師馬黑（Étienne-Jules Marey）所賦予❾，也極接近剛才「一二三木頭人遊戲」的定義。然而，即使馬黑曾意圖探究運動，使短暫性（fugacité）成爲一種「景觀」（spectacle）也絕非其專注之處。在一八八〇年左右的論戰圍繞於眾人眼中運動物體的不可掌握特性，每個人都振振有詞地質疑連續攝影術的眞實性、其科學上的價值、其所能具有的、使「前所未見之物」（jamais-vu）（即一個在不穩定向度中不具記憶的世界）變得可見的現實。

　　如果我們注意到馬黑所特別偏好的主題，我們會發現他正著重於形式上最不可控制之物的觀察上：鳥類或昆蟲的自由飛翔、流體的動力學……，還包括了對精神疾病癲癇的肢體運動擺幅與不正常表達的觀察〔如一八七六年在硝石庫醫院（hôpital de la Salpêtrière）所作的攝影研究主題〕。

　　稍後，梅里埃的幻術較不再以使我們迷途爲目的，而較針對於其弟子克羅德・貝爾納（Claude Bernard）有條不紊的精確上。其中之一對我們說了一句笛卡兒的話：「感官欺瞞著我們」；另一則邀我們

一起指出「我們的幻覺透過總是欺騙我們的方式而不對我們欺瞞」〔拉封登（La Fontaine）〕。科學所試圖顯露之物，「遺失瞬間的不可見」，在梅里埃處成爲表象（或其發明）產生的基礎。他從現實中所展示的正是對已不在〔失神〕的逝去現實（absences de la réalité）持續反應之物。正是其「兩者之間」（entre-deux）促使這些形式（其定義了「不可能的、超自然的與神奇的」）成爲可見。然而愛彌爾・柯勒（Émile Cohl）前幾部轉變型態的動畫片則更明白地告訴我們，我們是何等的渴望看到可塑形式（formes malléables），與何等的渴望引入在運動學的變化中（métamorphose cinématique）一種永恆的變形（perpétuelle anamorphose）。

對形式的追隨只是一種對時間的追隨，然而，如果不存在穩定的形式，則亦不存在整體的形式。或許可以將形式的領域想成是書寫的領域：如果看著一個聾啞者表達，會發現他的模擬與手勢已構成圖畫，而且馬上會聯想到，目前在日本仍在傳授的書法，比如說，其教授在學生面前演出動作，而學生則必須將其臨摹書寫下來。而如果論及運動學上的變形，亦可想到它的純粹再現，即日晷那根桿子的投影。根據年中的不同時節，流逝的時光不僅有其位置標記且被桿子陰影或日晷面板上的三角形形式所產生的不可見運動（較長、較短、較大等）所指示出來。

接下來，時鐘的指針總是產生一種位置的改變，在眾人眼中其與行星的運行一樣無可察覺。然而，就如在電影的例子一樣，變形（確切而言）消逝於時鐘的馬達中，一切要等到這一切也被黑色鐘面上日期與時間之電子告示所除去（在此，光的放射完全取代投影的原始效果）。

想接納變動（mouvance）過於形式，首先便得對白日與光線所扮演的角色改弦更張。在此，馬黑再次給予我們提供情況。隨著他，光線不再是太陽的光線，其「照亮了被匯集成體積的穩定群集（masses），而移動的只有陰影」。馬黑賦予了光線另一個角色，他使光線成為連續攝影術chronophotographique世界中的第一主角：如果他能觀察液體的運動，那得歸功於懸浮狀態下的人工小光點；而如果他能觀察動物的運動，則是利用了鍍上金屬的膠卷。對他而言，現實的效果成為光線放射的短促效果，被給予看到之物得歸功於加速及減速現象（其可完全等同於照亮強度）之媒介。他使光線如同就是時間的某種影子。

一般而言，在童年（in-fans❿，即不會說話，字首in意指否定或缺失，fans指說或講）結束前便可看到失神癲發作的自動消失。失神因而停止以一種首要方式作用於意識並進入成年（在此可提醒各位內分泌腺因素在癲癇領域中的重要性，以及腦下垂體及下視丘在

性行為及睡眠行為上所扮演的獨特角色……）。當器官老化之時，會喪失年輕的本事及能力，去同步性作用的效果不再被掌握與作用，如同小孩拉提格般（其與時間玩成一片並將其作為發明及個人保護系統）。「對光源敏感（photosensibles）的主體展現了對其病症發作原因的極大興趣，而且常運用『失神』機制作為防衛反應，以應付令人不悅的想法的要求或聯結」〔龐德（Pond）〕。

與向度的關係變形了，而且在此無關諸如「時間影像」此類的隱喻，而是必須以最字面意義去掌握，比如說，李爾克（Rilke）的句子：「前來之物是如此地超前於我們的思維，如此超前我們的意向，以致我們絕無法與其會合且絕無可能認清其外貌。」青春期最廣泛的混亂之一，便是青少年發現他自己身體的古怪與陌生，一種令人感到殘缺的發現與一種令人絕望的原因，這是「壞習慣」（嗑藥、手淫、酗酒……）的年紀，不過這只是為了與自身和解的費力，癲癇過程消失後作為緩解的適應。從此這也是開始縱情使用各種中介科技義肢之時（收音機、摩托車、攝影器材、音響設備等等）。穩重的成人似乎全忘了他曾經是小孩，且自認為是永恆的（愛倫坡）。事實上，就如李爾克所暗示的，他在這個世界中其實已進入另一個失神的範疇，這是一場更遠的逃亡，是「許多即時樂園的

繁盛與幻象，其建立於道路上、城市上與戰爭上⋯⋯
⑪」猶太基督教傳統藉此抗拒朝向「一片不確定沙漠」
（亞伯拉罕）的新旅程。消逝的時光、蔥綠的樂園，只
有那些重新成為小孩的大人才得以進入。在《傳道書》
中，本質是不在的（manque）；在新約中，不在則是
本質。八大至福（les Béatitudes）談及一種想像中的貧
困，某種程度上可以將其對立於瞬間的富裕，亦即對
立於這種巴舍拉（Bachelard）所提出的意識的假設性
儲蓄，「對立由窮盡知識（或資訊，如果想這樣說的
話）所構成賭注最小值平衡的憂慮，而其儲備（由一
切可能陳述構成的語言儲備）將可能是永無竭盡的」
（李歐塔）。一個警覺社會的圖像，在每個相同的時刻
都令人印象深刻。

在凱旋門獎頒發的尾聲，曾有一位記者風趣地問
國家領袖：「打賭是否也屬於休閒的一部分？」總統
很警覺地答覆了這個意圖將互賭技術類同於此休閒文
化的問題，其超過一世紀以來，提供給勞動人民視為
他們努力的龐然報酬。答案是必須坦承，賭博技術的
進展將我們這個擁有超級深謀遠慮的社會不可抑制地
推向一種簡單的偶然性文化中，一種與機遇的合約
（射幸契約）。全新的競技場遊戲，在拉斯維加斯，在
賭場甚至醫院中，全部都可賭，也什麼都賭，甚至賭
死活。受僱於日昇醫院（Sunrise Hospital）中的一個護

士爲了排遣所有員工，在這機構中創造一種「死亡賭場」（casino de la mort），對病患何時將撒手人寰下注。很快地，所有人都幾美元地賭起來了，醫生、護士、清潔婦；賭注達數百美元……很快地，垂死的病患已不夠用了……接下來會發生的事很容易想像。被打壓成粗俗刺激的童年基本文娛活動情況，仍不失爲某種失神癲的自我誘導衍生物，由另一方的觀點看來，這是對整體中一個或多個元素的隱瞞，其不過是由於從我們眼中溜走的時光與表象才得以具有視覺上的差異，其不自然地建構了這種無法解釋的狂熱，在此「每個人都認爲在某一個只有他才知道的眞理中尋獲了其眞正的本性」。尤有甚者，像樂透或博彩（tiercé）這些擁有不成比例彩金的數字賭戲，具有一種不服從社會律法的價值，獲免於稅賦、立即補救了窮困……❷。

「沒有任何明確的威力（puissance）可以超越或超前意願（vouloir），因意願本身就是這個威力。」楊克列維奇（Vladimir Jankélévitch）寫道。如果承認說，失神癲是一種影響所有人意識時間的現象——其超越善與惡（Mal）之外，是一種小疾患（petit mal），如過去所稱之的——對（大寫）時間的沉思將不再只是被委派給形上學家的初期任務，今日它已由無所不能的行政官僚（不管他們是誰）接棒，透過他們稱爲的中

介時間不確定形態（conformation incertaine de ses temps intermédiaires），其被引導成過著一種屬於自己且絕非他人的時間（durée）。而失神癲的染患則是某種可被思考成人類自由之物，它是給予那些能夠發明自己與時間關係的人的自由，而且也是某種精神上的意願或權力，而「沒有其中一種可以被神秘地認為低下於另一種」（愛倫坡）。

由柏格森式的時間趨性（chronotropismes bergsoniens），已經能夠想像「時延（durée）較慢或較快的不同節奏，其度量了不同程度的意識緊張與鬆弛，而且分別將他們的位置定著於存在的系列中」。然而，在此處，節奏這個觀念意味著某種自動性（automatisme），一種將強拍〔temps fort（強烈的時間）〕或弱拍〔temps faible（薄弱的時間）〕重疊於主體經驗時間的對稱式回歸。在失神癲的碎點狀（pointillé）不規則性中（其如同不確定頻率的意外與變異），不再涉及張力與注意力，而是涉及（藉由加速作用的）純粹與簡單的懸置，現實的實有之消失與再出現、時間的剝離。以笛卡兒的句子來說：「精神是一種會思想之物」（意味著其作為一般而言是可視的穩定形式）。柏格森駁斥道：「精神是一種持續之物……」而總之，反常警醒狀態則將他們撮合成一起：是我們的時延在思想，意識的第一個生產正是在時間距離中它自己的

速度。速度因而是屬於原因觀念（idée causale），是在觀念之前的觀念❸。

如果說權力的孤獨是一個被一致確認的事實，則實際上沒有人會打算自問這種由領導機能必然地給予的自閉性（autisme），其致使，根據巴爾札克，「所有權力都是陰暗的，否則就不存在，因為所有可見的權能都是在威脅之中的」。這個反省將我們所感知世界的極度衰敗形式地對立於不可見（non-vu）的創造性威能，將失神的權力對立於夢本身的權力。所有追尋權力的人都離群索居，而且通常都傾向於自我拒斥於所有人的面向（dimension）。所有的權能解放之所有技術都是從此處到彼處間的消失技術（頗被熟知的偉大征服者的癲癇憲政，亞歷山大、凱撒、漢尼拔等等）。

在其「大國民」中，奧森・威爾斯忽視了通常被美國編劇者所使用的佛洛伊德式元素，而將神秘的雪橇「玫瑰蕊」（rosebud）設計成其男主角權力進展中表面上極微不足道的動力。這個冷酷男人命運中的關鍵與結局，正是這個能在雪景中全速滑行，使其年幼乘客陶醉其中的小運輸工具❹。在威廉・藍道夫・赫斯特（William Randolph Hearst）臨終前呼救喊出「玫瑰蕊」的這個虛構性傳記後，聯繫著霍華・休斯（Howard Hughes）的真實命運。這個億萬富翁的生命似乎是由兩個截然不同的組成物所構成：首先是公眾

生活，然後自四十七歲起持續二十四年的隱居生活。

　　休斯的第一部分存在經由夢想與欲望等行為所規劃而成：他想成為世界上最富有的人、最偉大的飛行家、最偉大的製片者。他非常炫耀地全成功了，且他本人高度曝光，對廣告飢渴無比。有許多年他以他的影像，他許多破紀錄與征服女人的故事，淹沒了西方報刊。

　　然後，霍華·休斯消失了，他將自我掩蓋，直到死亡。

　　記者詹姆斯·費龍（James Phelan，其曾追隨這個億萬富翁的整個生涯）以其口吻自問❶：「為什麼他讓自己變成一個不再能承受別人觀看的人？在單純的獲取財富這個欲望之外，他尋覓的是什麼？」

　　作為巨額財富、龐大科技工業事業的主人，其富裕最終只被用來購買在一間陰暗房間內的全然隱遁。在這房間裡，他在一張陋床上全裸地活著，覆蓋著滿身的創痂，瘦骨嶙峋且一無所有。費龍總結道：「休斯所積攢的是權力，而非金錢。」

　　有一天，費龍描述道，一個扮成米老鼠的人出現於灣岸酒店（Bayshore Inn）而且表示他有一個休斯的禮物。他是正在巡迴廣告演出的狄斯耐遊行成員，他想贈予一支「米奇錶」給休斯，並附上獻詞：「傳奇中的英雄應繼續與群眾大玩貓捉老鼠的遊戲才能使群

眾繼續信仰他們。你總應有時會想知道時間吧？」

　　然而，休斯絕對拒絕戴錶卻是眾所皆知的。他自己表明是時代（時間）的主人，這對他必然有一極明確的意思，或許較接近里爾克的定義：掌握權勢，在世界的賭戲獲勝。這意味創造出在他個人的時間定位與天文時間的定位間之二分法，以成為即將到來之事的主人，並企圖立即加入將前來之事。一無所有的億萬富翁休斯只不過假造了其命運的速度，將他的生命模式作成速度的模式。他似乎比大國民肯恩（Kane）更為當代，後者是一個在其博物館式宮殿中，被其物質產業（其巴洛克式的龐大收藏）的廢墟所纏崇的垂死帝王。休斯則反之，存有即不居住❶，polutropos ❶，如同荷馬的尤里西斯，絕不占著同一個地方，他希望成為無法確認之物，特別是絕不認同任何事物。「他什麼人都不是，因為他不想成為任何人，而且因為要能什麼人都不是，便得同時到處都在也什麼地方都不在。」這種對無所不在的不在（absence ubiquitaire）之癖好，首先便得求助於不同科技的媒體來滿足戰勝世界完美的最高紀錄：一九三八年七月十四日，他的洛克希德－旋風號（Lockheed-Cyclone）「經由大圓弧」完成了環球之行，在佛洛伊・貝涅特田野（Floyd Bennett Field）機場（這亦是其在七月十日起飛之地）落地。他絲毫不差地駛返當初他出發的停機棚。休斯

很快地便承認了底下的事實：他想移動的欲望只不過是一種不動（inertie慣性）的欲望。一種想觀看那些駐留之物前來的欲望。

很快地，他便只藉由電話才與這個世界溝通。就如夏都布希昂（Chateaubriand）一樣，他將他的悠遠期望封鎖於一個狹小空間之中。那些他想待在其中的房間千篇一律是極窄小與類似的，即使它們位於很遙遠之處。他不僅因此抹除了從一地到另一地的印象，（如同已成為世界紀錄的空虛環圈），而且每個地方都是他所可以預期的。窗戶都被遮掩起來，陽光與不同風景的非預期影像都不應透進這些陰暗房間的內部。藉由對所有不確定的消抹，休斯得以自認為無所不在也什麼地方都不在，在昨天也在明天，因為所有在空間與在天文時間的定位點都已被除去。在作為他生活範圍的床角，則有一片人工窗戶——一個電影銀幕。在床頭設有一台放映機，在床邊他的手上，則是遙控器，由此他可以放映電影，而且總是同樣那幾部，不定時地吃著同樣食物。在此可以找到（被拿來作為視覺隱喻的）蘇格拉底的地洞（暗房）神話，「必須使其（那些獲得第一位置的人）結束，強迫他們將視線轉到有光線之物……凝視那不可見的現實……」

休斯意圖什麼地方都不在以至於他根本不再能忍受被其他人看到，而如果他仍以龐大費用維持一群妻

妾，他也絕不再回到他的寵妾身邊。他只想知道他是否有權力回來，而是否那些他保有她們相片的年輕女人還等著他回來。對他的飛機和輔車也一樣，它們被停放於各地，在惡劣的氣候中棄置於不同機場的停車坪中經年。而他總是購置同一型的雪佛蘭輔車，因為他很瞧得起雪佛蘭那些最平庸的車系。

他的生意也與她的女人一樣，他是政治的隱匿主人，美國政府與CIA的行賄者，把玩整個世界，一直到最後他已沉陷於幾近昏睡的狀態，然後死去。

在等待停滯之物前來的超高不耐煩中，休斯〔他的同胞們最後已視他為「有宗教幻象之人」（illuminé）〕已成為某種科技僧侶，在拉斯維加斯「沙漠酒店」（Desert Inn）頂樓的陰暗房間，與古代歸隱教士登上沙漠出發追尋永恆已無二致。

希伯來傳統以兩種沙漠（其中之一浮現於另一之上）的形象，展示了兩種缺乏（manque），即在一切事物中的心，與在心中的一切事物。其中之一稱為休馬馬（chemama），指絕望與毀滅，另一稱為米德霸（midbar），指未被遺棄的沙漠，充滿不確定與努力的場域。而反之，休馬馬則是國家—城邦〔Ur-Our（光）的城鎮〕的導引與二極性（polarité），其沙漠是法律、意識形態、秩序的悲劇性沙漠，其被豎立對立於能夠顯現流浪的沙漠。休斯的生活，他的當前世界中的喪

失，似乎來自隱修士，來自僧侶自我施加的這些「非人性的苦修」。在這些苦修生活的最後，這些「聖徒」似乎只在城市沙漠與不確定沙漠這個雙重遊戲中，與瘋狂及愚蠢交會。如同席美翁・代美斯（Siméon d'Emèse），他說他自孤獨中出來以嘲（玩）弄這個世界（或把玩世界，如休斯一樣）。據傳聞，沙漠是如此地考驗他，以致他獲致了apatheia（這可以譯爲無動於衷），而得以嘲諷城邦及其法律，將其視若傻瓜。

他總是穿著他的僧侶服，且毫不猶豫地在眾人面前撩起衣衫。他習慣逛窯子，而且擾亂教堂的儀式，一再滋生該受指責之事。他測試大隱於市的能力，彷彿城市如同沙漠，而沒有人看得見他。

作爲感光誘發物（inducteur photo-sensible），沙漠（其雙重形象）在所有狀況下都連結到時間的解放：對隱修士而言是神的永恆性，對夢想其帝國的邊境是一大片沙漠的凱撒而言，是國家的永恆性。基督以休斯的相反方式活著，他以藏匿的生活開始，結束於公開存在，並在這兩種模式存在的接合點上面臨誘惑，撒旦提供他支配國家（休馬馬）的權力，彷彿人類權力的獲取只能藉由飛越一片孤寂、難以存活的疆域才能取得，而其他人則被安置於看不見的邊緣中。

約翰・休士頓《詭計多端之徒》❶❽片中的傳道者很清楚地表達了：「基督的教會並無基督，那無非是

你的影子跟隨著你，無非是你的映影在你的鏡子中。」

　　女歌手阿曼達‧李爾（Amanda Lear）將她公寓中的鏡子全部拿掉，以集成電路的閉路電視取而代之。由是，她的影像所散發出的光便能一直跟著她，如同她最親密的同伴（也可以說如同其影子）。如果逐漸衰老的卡斯堤格良（Castiglione）將其宅邸的鏡子全都遮掩起來，以便不再凝視她的逐漸衰老；阿曼達則將不需煩惱會遇見她的映影，她只需停掉錄影，選一天則螢幕重新播放其永遠年輕的影像，這公寓裡時間將就此停住。人們的家具將不再與房屋有所區別，其聯繫的方式將是一種能混合身體與其居住場域的合成器（synthétiseur）。電動玩具成為一種與日常生活無限期的遊戲方式，實現了波特萊爾式的想法：「無數觀念、影像、感覺的疊層連續地跌落於你的大腦，如同光線般柔和，每片疊層似乎都掩住了前一片，但事實上沒有一片就此消亡。」

　　在他們的私人回憶錄中，本世紀初的德國碩儒們喜歡有條不紊地交替詮釋他們的日子與敘述他們的夢境，想試著在他們的清醒狀態與他們的夢幻世界之間建構出一種等同。這種模式是想企圖中止存在於清醒與睡眠之間的過度歧視：「睡夢中的人處於被分隔的世界中，清醒的人則在同一世界裡」。〔赫拉克利特（Héraclite）〕

　　在德國藝術家（其熟稔癲癇的組成）的作品中，公眾（大寫）理性之理想越趨隱約，以作為清醒人類的活化與現實監督，且意圖將此清醒（警戒）狀態放入某個視為共有的感官的原初基礎（protofondation）之已給的普遍世界。然而，如果承認每個人的時間其實都或多或少地被重新黏合住，且快速警醒跟夢境同樣弔詭，則正逝去的世界現實無論如何不可能是普同的，而「純粹理性」則將只不過是失神癲情節與其才能中的無數詭計之一。而這些矯揉造作的其中之一曾引起巴舍拉的焦慮：「應用理性主義不過是一種工作的哲學，其欲擴展開來……急於系統化思想、權威的傾向，無人質疑於此……」

　　壓迫性的工作，伴隨著自童年開始的嚴厲懲罰，因為沒有什麼事被認為可忽略（大寫）理性，就如同沒有什麼事被認為可以忽略法律一樣。對年輕的意識而言（其永遠是時間的孤兒），（大寫）理性提供它陌生敘述的虛幻重新開始，就如同是一種操作式語言，這是已背頌了其課文小孩口中可憐的「我記得了」，如此以躲過處罰。

　　對於現實的科學觀察典型因而是一種控制下的附身狀態（transe contrôlée），或更適切地說，是一種對意識速度的控制。而這首先作為對失神癲技能的重建，使其能被溝通且被接受視為普同之事。

在他的《魔術，理性與經驗》（*Magic, Reason and Experience*）這本書中❶，李歐德（Llyod）質疑了古希臘時期的前科學家或科學家的轉變，並向我們指出了希波克拉提斯一篇論文〈論神聖疾病〉（Sur la maladie sacrée，即癲癇，寫於紀元前五世紀末到四世紀初）的重要性。這篇論文作者的目的是想指出，這種疾病並不比其他疾病更具神聖性，而且可以找到其合情合理的原因，因此可以用有別於唸咒或符紙效果的治療。然而令我們感到興趣的是，癲癇的過程在此文中卻處於十九世紀人們所認為的魔術與科學絕對二分法降臨的核心。然而，希波拉克提斯的文章可另作他解。展示了神的疾病（maladie divine）是可被自然地解釋的，這意味對現實的理性研究（其律法與其典型的建立）已完全足以取代癲癇的偶發症狀，可以讓我們自其劇烈與不確定的頻率中徹底痊癒。

必須記得的是，對古希臘人而言，神的系統也同時是一個只涉及事件的系統：「神即進行中的諸事件」。此已足以解釋這個被當代研究者判斷為天真且無法與科學訓練精神相比的含混態度。這是個不具清晰性的科學典型，理性的計畫在此如同是一個不完全的綱要被呈現，或在較佳的情況下，如同是對一個其現實是不可見的宇宙之簡單賭戲（柏拉圖）。

海森堡（Heisenberg）向我們說過愛因斯坦對上帝

玩骰子這個想法的憤慨。

巴舍拉認為理性本原的錯誤（faute originelle）是具有一個最初開始（origine）。保羅‧德‧塔斯則說：「理性就如同死亡。」

如果翁頗斯‧巴黑（Ambroise Paré）將癲癇定義為感情的滯留，則在其他的文明中，癲癇過程中的緩解適應（其如同是性行為的結果）則被稱為小死或短暫的死亡，睡眠則被認為是可以從中返回的死亡等等。跟死亡比較的理性不過是為了條理分明地重新分配對失神癲的偶然排除（éliminations occasionnelles）。對現實的理性研究像在演戲，而心靈白板（table rase抹去記憶）則不過是一種作偽畫面，其企圖否認一切個體失神（absences individuelles）的正面價值。

逐漸地，理性的積攢錢財（作為對駐留之物前來的等待，與作為對萬事都不驚不懼的因素）把我們這一代人推向這些作為記憶捕蠅器（mémoires attrape-mouches）的痛苦人物，在此一堆廢物毫無差異地前來黏成一團〔柯南‧道爾（Conan Doyle）〕。這些導致其被判斷為低下於那些電腦螢幕，在此，毫無間隙、毫無衰退、毫無失神的記憶資訊全速地前來緊緊黏住。巴斯卡（Pascal）對建構這種記憶捕蠅器深感興趣，但同樣的也被巨大的危機所苦惱，其將失序安置於資訊所前來的秩序中：「前所未聞的事並非元素，而是元

素被安置的秩序。」他寫道。總之，發現、發明，換言之，所有不具可能之記憶與新奇之事，是秩序。只有巴斯卡才能在此將所有已知的這些元素納入秩序，而且最終使理性讓位於感性。❷⓿

他由經驗得知，由於感受能力，換言之，美學感受，位於癲癇發作的核心，因此癲癇是可以被挑起的，它可以被馴化。在此同樣可以看到與他著名的、對上帝存在之賭的同一理由，媲美於古希臘人的步驟，他將此理由等同於某種技能、某種科學假設的神學轉換。

發作，如同寧靜天空中突如其來的驚雷，由這天空本身的美感所宣布。癲癇患者並不一定尋求發作，將其視同享樂的因素，但其到來卻以一奇特的幸福狀態，一種年輕的激奮通知了他，「一種崇高，為了這一刻可以付出一生！」杜斯妥也夫斯基如是說。在回復或重新回來正常之前，他名副其實地「心醉神迷」。這往往造成生理上或重或輕的病變，其緣自病情的惡化（脫垂）或單純只是病情的初始階段之瞬間性。在意外降臨前無法解釋的狂喜，身體遇險前的感官遇險。致使發作的因素同樣也可以是疏忽、瞌睡等類型，其由某些節奏的重複所引致，或反之，由高度的知性努力所引起，其涉及，比如說，發明或重要發現的時刻。如同在雄波里昂（Champollion）的著作中涉

及的創造活動……。「在此時刻，我瞥見了這個獨特表達的意義：時間將不再存在。」杜斯妥也夫斯基寫道。

　　在對光源敏感的主體身上，可藉由與性源起的關係來界定失神自動發作或自我情愛行為（actes auto-érotiques）的過程。正如我們所曾看到的，在青春期會有失神癲與性活動甦醒之間的交互影響。這裡再次的，失神對戀愛影像的發明或結晶並不陌生。

　　如果古代雕塑藝術曾表現勃起中的睡覺者，這是因為後者正在作夢。但這卻必須等到四○年代的研究者才會重新發現這個現象，然後稍後，才又發現存在於男人身上與女人身上反常睡眠與性行為間的關係。同樣地，白晝愛情與欲望的威力程度則是對反常警醒的亢奮狀態的隱形召喚。米開朗基羅寫道：「發慈悲吧，告訴我，噢！（大寫）愛情，到底是我的眼睛看到（外在於我）真正的美，或我自身就擁有它……。」這是賽姬（Psyché）的厄運，外面的光線在瞬間摧毀了愛情影像的水晶。當她照亮了他的臉龐時，愛神（Eros）放棄這個年輕女子且逃逸無蹤。較單純一點的，是過去被送上床的年輕夫婦，他們在之前並不曾碰面，且被建議不要立即相互親近，而是試著睡覺，換言之，作夢，自然的律法就會負責創造兩位新人之間的附著與「良善歡愉」（bon plaisir）。這個陳年方法

可以被對立於資訊與性教育的超高覺醒，後者破壞
（甚至是自然的）愛戀姿態的結果。精神分析師至此開
始接到年輕人或曾受合理地教育的夫婦之造訪，因為
他們甚至不知「如何交媾」。

這又讓我們想起被放在崔斯坦（Tristan）與伊塞特
（Iseult）之間的那柄劍，當他們睡著時，顯示了愛情激
情的這個春藥已將他們置入某種意識狀態中，在此異
常睡眠的花招已完全失靈。對他們而言，愛情已在夜
晚與白天間，在快速覺醒、夢境與（很快的）死亡之
間，創造了等號。

這些例子可以被無窮無盡的舉出，對未來夫妻間
諸般隱瞞之習俗也可以被無窮發展，甚至到意圖與基
督結合（婚）的天主教宗教觀念，基督藉由其絕對的
不可見性得以成為某種絕對的配偶，一個新的內在愛
神，某種促成另一種與時間關係的東西。

喪禮，某種深沉不幸的印象，根據巴舍拉，可以
給予我們對瞬間的感覺。無論如何，他們促使了失
神。我們悲痛莫名，我們被某種執拗的感覺所造訪，
其麻木地影響著我們的知覺器官之一：在嗅覺領域
中，某人（常常一連數日）吸到一種獨特氣味，其連
結到某一遙遠記憶；另一人安坐於花園中，則看到某
一朵花突然硬是比其他花明艷。這些奇怪的現象在似
乎又重新回復正常前，偶爾會持續數分鐘。這令人想

起馬歇爾·普魯斯特對謝密琰侯爵夫人（marquise de Sévigné）的思索：「她並不以邏輯或因果次序來呈現事物，她首先所呈現的是拍擊在我們身上的幻象。」在資訊的抵達次序上，普魯斯特因而向我們指出藝術的刺激是最快的，因為在此，事物並不因讓位給感覺而結束，而是反之，由感覺開始。總之，感覺被其過度的迅速性而變成原因，其很快速地取得了邏輯的秩序。普魯斯特檢驗了apate**㉑**。這個詭辯的觀念，這個可能進入另一邏輯的瞬間性，「其使真實與幻想、現實與表象的概念解體，其由Kairos（可以稱為「時機」）所給予……其自普同中逃離，且開啟一個差異的領域，它是epieikés，即在某一特定時刻是適當的，且擁有不同的定義**㉒**。」

對今日某些科學家而言，他們放棄了基礎研究這個故作莊重之詞，對他們來說，較合適的是非應用性研究，「一種其新意、其發現絕不憑藉偶然，而是驚奇」的研究〔裘立歐（P. Joliot）〕。

世界是一個幻象，而藝術則展現了世界的幻象。米開朗基羅厭惡，比如說，製作一幅模擬自然或足以相似模特兒表象的形象：「在法蘭德斯（Flandres）畫畫是為了欺騙外在的視覺……這些世界的假象（tromperies）強行從我身上奪走了使我凝視上帝的時間。」年紀逐漸老邁中，他意識到同一時間間距可以

不同方式被運用。更佳的是，根據我們的觀看藝術，
同樣的時間可以任由其欺騙，或用來凝視有別於被認
為正被觀看物的東西（在此狀況下，上帝就如同是
（大寫）世界的（大寫）真理）。

　　在一九六〇年，畫家馬格利特在答覆一個問卷
時，表達了同樣的信念：

　　問：何以在您某些畫作中出現一些怪異的物件，
　　　　像比爾鮑棍❷。

　　答：我不認為比爾鮑棍是怪異之物。相反的，這
　　　　是極尋常的玩意，與沾水筆桿、鑰匙或桌腳
　　　　一般尋常。我從不在我的畫中呈現任何怪異
　　　　或奇怪之物……他們總是日常熟悉且毫不怪
　　　　異之物，然而熟悉之物被聚集與轉換以至於
　　　　我們看到它們時必須思考，在熟悉之物出現
　　　　的同時，有某種不熟悉的其他事物出現於我
　　　　們面前。

　　觀看所不觀看之物，聆聽所未聆聽之物，專注於
尋常之物，於普通之物，於比普通更普通之物。否認
軼聞（anecdotique）的理想性關鍵位階，因為不存在
軼聞，而只有將我們逐出我們自身與他人的宰制文
化，感官的喪失對我們不僅是意識的午寐，而且是存
在的衰退。

　　在歐洲，超過一世紀以來，有很多小孩曾目睹聖

母現身，而警察與宗教當局則必然已建立他們的目擊筆錄。對我而言，在這些描述中，我相當敏感於（嚴格來說）顯聖（apparition）之前的環境接續，因為從此開始，世界全心觀看著小孩，就如小孩是世界的幻象。

被觀看事物的獨特選擇，微不足道事實的紀錄，逐漸將貨真價實的物體轉換便成某種背景，使另一種感官的意指被突顯出來。這是一種早已淡入或淡出（fondu-enchaîné）的背景（dissolving views，如英語世界所說的），其令人思及塔斯·德·保羅的思索（然而他自己亦然，在前往達馬斯（Damas）的路上，他忍受著一種持續的失神，其實際上改變了他對現實的感受），一切是如此寂靜，然而：我們所看到的這個世界正在逝去。就如剛剛的馬格利特，這是事實如何被記錄的問題，或者這麼來說吧，是涉及「視覺擄獲物」的問題。一切在注視瞬間被給予的觀看物都僅只是立即性（immédiateté）的欺騙，一種對承載客觀元素行列的不適時檢查，其中進行著對視覺戰爭的擄獲？

對如氣象學家的解釋：「區域性層級總是一種不確定的目標，因而必須在全球性層次思考氣象的資料，我們的天氣總是另一地的天氣，且整個系統是相互嵌合的。」

貝兒黛特·蘇比護（Bernadette Soubirous）描述

道：「我聽到聲響，睜開眼，我看到卡夫河（Gave）畔的楊樹，而岩洞前的荊棘搖晃彷如是被風吹動著，但其周遭卻聞風不動，突然，我看到一片白色……而這白是……這是一個白種女孩……一個不比我高的白種女孩，她向我彎腰致意……。」

　　偶爾，不只視覺而且嗅覺、聽覺、味覺都被許多小小見證所切分。然而再次的，小孩將經驗著由熟悉到不熟悉過程之前的獨特時刻。比如在薩列特（Salette）兩個互不認識的小孩偶然間碰面了：梅拉妮（Mélanie）是一個孱弱可憐且被認為「內斂的」小女僕，馬克西曼（Maximin）則是一個遺傳家族性氣喘、被認為是「冒失鬼」的小男孩，他與他的山羊奔逐於山區度過最明亮的時光，而不久前人們才剛敢把一群羊交由他看管。顯聖那天，這兩個小孩（他們已經決定一起看管他們的牲畜）突然被一股睡意攫住，而且事實上他們倆個都睡著了，這並不符他們的習慣。一覺醒來後，他們憂心如焚且開始去尋找他們負責看管的羊群，然而，牲畜都還在原地，牠們並未走遠，而突然間，在小孩睡覺之處「一顆光球旋轉起來，且漸漸變大，如同太陽就沉落於此……」。

　　可憐的、被輕視的、被視同智力發展遲緩且大部分時刻氣喘的這些小孩通常被從顯聖現象中剔除，且在青春期痊癒。

貝兒黛特・蘇比護可能會悲傷地說：「假若人們願託付自己給頭幾次我所說之事物，這些我可能從那時候便已忘記，而其餘的也可能同樣忘了⋯⋯。」

「爲了這一刻或許可以付出整個生命。」這正是她所做的，隱匿於如她所言之納維爾省（Nevers）的女修道院中，並在三十五歲時才死於此。

顯聖因而就如同是這些出現在癲癇性失神之前，出乎意外的瞬間的重複，然而保持警醒的感官終於知覺到某種更低於尋常（infra-ordinaire）之物。貝爾黛特展現了這個時刻的獨特蒼白，「細緻與雪白的薄絹落到臉上」，然後其回來「揉揑眼睛，而色彩重新活化了其面貌」。

然而，與癲癇的表面類似僅止於此，因爲貝兒黛特在出神而恍惚時仍可以行動、移動，甚至進食，且在回過神後，她仍記得什麼曾經降臨過。然而，隨著其異象的增加，這個小女孩感到由個人儀式來導引的必要，她顯得神經質，這使某些見證者感到不適，而且她也不見得總是成功。

稍後，當她離開路爾德（Lourdes），回到納維爾女修道院途中，她停留於波爾多，且「她發現最美之物」，她說：「是植物園的水族館，看著這些小生物在一群正注視著它們的小孩前游動。」

注 釋

❶譯注：absence，本書幾個主要的概念之一，底下將譯為「失神」。但維希留偶爾亦明顯將這個詞對立於présence（出席、在場），在此狀況下我們則譯為「不在」。

❷「癲癇」（épilepsie）──希臘文中意指突如其來──並不夢想一種形式，而是許多種，而且必須說由最大到最小（大寫）疾患之諸癲癇。從神經學觀點而言，所有癲癇的發作，嚴格而言，源自某神經叢的超高同步放電……臨床上思考癲癇的方式並不曾有多大演進，後者現在將癲癇的發作從確切意義下的癲癇中區辨出來，將這個詞保留給慢性的發作。」參閱卡特喜‧布斯給（Catherine Bousquet）在《宏觀鏡》（Macroscopies）第六期的一篇論文與其參考書目，頁45。

❸譯注：picnolepsie（由維希留所創的詞）顯然來自épilepsie〔癲癇，源自希臘文epilêpsia（攻擊）〕。這個新詞指涉的是一種持續、無法預期的常見失神狀態。在正文中他已解釋了picnos的字源意義是「頻繁的」，基於中文的理解，我們在此將其意譯為「（經常性）失神癇」。

❹這個詞源自拉丁文discurrere，四處奔走之意。其極佳地突顯了失神癇患者給人的倉促印象與日常知覺的脫線。

❺歇斯底里與癲癇，特化的女性疾病……敏感、多愁善感的婦女，女性小說迷、賣弄風騷的女性專家們……。〔荷雅（Regnard）〕

❻藉由表象（semblant）到動態間之關係的不斷更新，西方幾何學對各種再現形式進行了調整。「為了證實，我們展示一個複雜物體，即一圈由直徑一毫米的細線所纏成的直徑十公分線圈，其以某種潛在方式擁有許多不同的物理向度……。」蒙德柏，《碎形物》（Les Objets fractals），Flammarion出版社。

❼譯注：prothèse這個詞原意指醫學的義肢或人工器官，但維希留在本書中將這個詞擴大使用於一切協助人類的人工機器，

比如汽車、火車、飛機等運輸工具，或收音機、電視、電腦、照像機等科技產品。

❽喬治‧薩度爾（Georges Sadoul），《喬治‧梅里埃》（*Georges Méliès*），Seghers出版社，傳記與傳記電影。

❾《E. J. 馬黑，1830-1904》，一九七七年巴黎龐畢杜中心展覽專題著作。「我們日常的認識機制具有電影的本質」，柏格森（他認識馬黑）如是下了注腳。

❿譯注：此字發音同法文enfance（童年），維希留玩了一個文字遊戲，將法文拆解轉換成拉丁文。

⓫徐穆耶‧狄伽諾（Shmuel Trigano），〈米德霸與休馬馬〉（Midbar Chemama），*Traverses*，第十九期。維希留，《領土的不安》（*L'insecurite du territroie*），「國家永遠是宮廷、城市（l'Urstaat）……」，Stock出版社，1976。

⓬尚‧莒密庸（Jean Duvignaud），《賭戲之戲》（*Le jeu du jeu*），Balland出版社。

⓭就如柏恩斯坦（Bernstein）的俏皮話「直觀就是犯了速度過快的知性！」這可以讓人想到對人種學定義的某種重構：靈魂、超自然力（Mana）、潛在實體、氣息與能量等等。

⓮這裡已在命運中重新聚合了速度、童年、權力等基本元素。在奧森‧威爾斯的作品中，就如在許多英語世界作者的作品中，失神的展現是一個主要的主題。

⓯詹姆斯‧費龍，《霍華‧休斯》，Alian Stanké國際出版社，1977。

⓰成為無人空間的人類空間逐漸變成什麼地方都不是的一種表示……，頁171（《領土的不安》，前揭書）。

⓱譯注：希臘文，指「浪跡四處的」。

⓲譯注：John Huston的*Le Malin*，原英文片名為*Wise Blood*。

⓳C. E. R. 李歐德，《魔術，理性與經驗》，劍橋大學出版社，1979。同一作者，《希臘科學的肇始，從泰利斯到亞里斯多德》（*Les debuts de la science grecque. De Thalès à Aristote*），

Maspero 出版社，1974。

⑳克羅德・別納（Claude Bernard），條理分明的思考者（馬雷屬於此派弟子）詳記著科學工作的秩序：首先是感覺，然後是理性與經驗〔《實驗醫學研究簡介》（*Introduction à l 'étude de la médicine expérimentale*）〕。

㉑譯注：這個詞源自希臘文「欺騙」，apataô（動詞）或apatê（名詞）。

㉒馬希歐・別尼歐拉（Mario Perniola），〈誘惑的邏輯〉（Logique de la séduction），*Traverses*，第十八期。

㉓譯注：bilboquet，一種玩具，在一根木棍上以繩子繫一顆穿孔的木球，玩時將球往上拋，並設法以木棍從孔中串住木球。

2

「電影，是人性的一個嶄新紀元。」

馬歇爾・列赫畢耶（Marcel L'Herbier）

方法理性目前正被質疑著，「先前被傳授爲永恆真理的理論虛榮」很遲才被發現。這一切將文人導向超驗主題或神秘的唯物論（其曾是嶄新生活與生產模式之源頭，特別是在十九世紀的美國）。拾起被放棄觀念的對立面或重返過去的概念，這只不過可說是改變成另一種錯誤。這種對過去的回歸很不幸地犯了一個減約科技學現實狀態的錯誤。自社會－經濟或文化概念提取出的技術覬覦著想自此成爲世界的隱喻，自認爲是一場意識革命。總之，藉由提供人們某種已成爲次意識下的（subliminale）協助，理性的警醒僞裝狀態被反常的警醒人工狀態所取代。

貝爾黛特・蘇比護是德國觀念論或後設詩（métapoésie）擁護者的可敬同代人，他們全都能親賭「某個充盈靈感的世界之顯現，在一片葉子的顫動、蜜蜂的嗡嗡聲、和風的嘆息或森林中隱隱約約的氣味……之中，充滿無序與狂想曲思想之壯麗與五顏六色的

儀式行列。」在此自然並不涉及回返到某種磁氣睡眠（sommeil magnétique）的啓示，而只是單純地去尋覓介於小小通靈者的初級敘述與超驗或象徵主義者之哲人與詩人間的聲調統一性。事實上，在這兩種情況中，我們都看到一種現實世界的異常感官美學❶，一種非比尋常的感官活動，其僭越它們的盲目功能，而出現一種（根據愛倫坡）第六感，其是人類對時間抽象觀念之精神完美性（perfection morale）。「這種對時間鮮活、完美的感覺、自主存在且獨立於任一個系列事實之外……」在愛倫坡作品中甚至也不存在那些被認爲影響了杜斯妥也夫斯基、卡夫卡或李爾克的因果上前例或任何後續，失神已與毀滅、或臨床生命的逐漸破敗混淆。缺失正是某種極端感官知覺的創造者（這可聯想到盲人以花的氣味來勾勒其顏色），或（自稱）被音樂圖像（pictographie musicale）撩起憂愁的昂希‧漢勒（Henri Heine），每一琴弓的牽引都在他眼中激起一齣中國式的皮影戲，彷彿不同的感官間都弄錯了管道，在他的《佛羅倫斯之夜》他如是描述。

　　超心理學（parapsychologie）使十九世紀神秘唯物論遺產耳目一新，將其代之以對電子物質的當前研究。此觀念的力量在於重新質疑一般認爲的感官隔離（特別是自一個體至另一個體間的感官隔離），以獲取一種感官的集體效果。因而在這類研究中，對那些大

型唯物國家的狂喜（比如蘇聯或美國）並不需太過詫異。事實上，這是這些不同能力（由感覺的凝聚所造成的意識透明）前所未聞的進展。這個嶄新的一致性並不再（如先前一般）承擔我們的意願與我們的心理狀態，而是承擔了我們的時間，因而也是我們的因果觀念、我們性格中的本質本身。

「你並沒有身體，你就是身體！」昨日維爾赫姆‧李區（Wilhelm Reich）大喊；關於此，權力及其技術今日答道：「你並沒有速度，你就是速度！」

早在《速度與政治》（Vitesse et politique）中❷，我曾指出，在歐洲與美國中，向量化速度（後勤警力）的微調與操作如何在許多不同的軍事與革命衝突中成為群體一致性最確切的元素。但我也同時指出，這裡所搜尋的目標較不是領土的入侵、占領，而是某種對世界的摘要（résumé du monde），其藉由一種無所不在（ubiquité）、一種軍事介入的瞬間性、一種純粹的速度現象、一種正朝向其絕對本質之實現的現象而獲致。

然而，前進太快的結果，最後一切就如同他們本身的軍火庫成為每個主角自己的內在敵人。資訊的立即性本身正可能立即創造出危機。軍事恫嚇之必要性，這個舊時代的戰爭機器很快地將轉換成全然和平與絕對調解和平的機器。因為運用了前所未見的向量，舊的克希格斯庇戲（Kriegspiel，一種世界戰爭的遊戲）將由新遊

戲所取代（比如就像休斯的遊戲），科技僧侶取代了僧侶——戰士，或「聖西蒙式教士」之戲。

　　在一九一四年戰爭之前，古斯塔夫・勒朋（Gustave Lebon）醫生與許多其同代人對群體（這種全新的著魔模式）心理學極感興趣。對於德國加入戰場，他寫道：「心靈的劃一一致從不曾被推展至此，個體靈魂逐漸地被摧毀以塑造出一個集體靈魂。」「似乎是同一個大腦在數百萬的腦袋裡思考！」在他身旁一個《洛桑報》（*Gazette de Lausanne*）編輯如是指出。勒朋在其著作中展示了心靈上因循守舊者的悲慘結果，特別是在涉及所謂的基礎研究上時：

　　「即使與他人隔絕，德國人仍然停留於集體狀態。最專門的書至少由十位作者署名，這是極令人可悲的。因為一旦服膺於集體的影響律法，最富洞察力的精神也將因此失去所有的判斷……，確切的事實、無可辯駁的顯然之事絕不可能為集體的觀察而存在。」

　　我們自己很清楚這種膠著，由集體因循守舊所導致的真正災難，而如果目前對方法理性的批判蔚為流行，迄今為止，在那些受到影響的研究團體中，並無太多關於科學中感覺滯留（rétention du sentiment）的著作。道德論者的這句口號：不具意識的科學只是靈魂的毀滅，應可以由某些基本之物，比如說「科學謀殺了意識」所取代。

　　比如說，前幾個世紀知識範圍（connaissances）的儲藏被認為較不廣泛，且弔詭地，知（savoir）的確切性卻以整體為目標。或許可以作此結論：知識愈增加，未知之物也就愈多。或者不如說，資訊數量愈加速，我們愈視其碎裂及不完整的本質為正常。或許也可以指出最偉大的發明就是位於意識等級而非科學等級的事件。美學的驚喜現象：阿基米德、牛頓或由觀察海面鷗鳥飛翔而感受相對論原理的愛因斯坦。所有這些就如文藝復興時所構思的，經由感覺管道被具體實現。（大寫）律法與（大寫）理性在此不過是imago給予❸的時空向度，亦即度量之單位。

　　科學的精神就彷如古典主義中的阿波羅，被囚禁於他的普羅米修斯概念中。而或許正是此概念使其無條件地成為技術的盟友，一種想藉由影像重建人類之夢。西方無法擺脫某種不過是其智性反射的科學，就如女歌手阿曼達・李爾無法超脫其美麗的立體反射（reflet stéréo）一樣，即使有一天後者必將消逝。

　　被自己弄得眼花撩亂的人類製造了其複本，其聰明的幽靈，而且將其知識的積攢交付給一個映影。我們仍處在運動學幻影的領域之中，在資訊暴走於電腦螢幕的神奇領域之中——其被給予的，正是資訊，而非感覺。這是apatheia❹，這種科學上的無動於衷致使人類愈資訊化，圍繞於他周遭的世界荒漠就愈形擴

大，而（已知）資訊的重複就愈錯亂從觀察所得的刺激（stimuli）。其自動且快速地攫取它們，不只於記憶之中（內在之光），而且首先在視線裡，以至於從此是光的速度本身成為資訊閱讀的限制。在電子資訊中的重點已不再是儲藏，而是顯示（affichage）。

理性的宇宙於是就如同現實的效果（effet de réel）。注視旁邊之物，總是旁邊，拒絕注意力的固著，自物體中歧出到其周遭，從習慣的源始或因習中脫逃，這些似乎已變得不可能。被感知的世界不再被認為興味盎然，因為已被盜墓者（pilleurs de tombes）戲劇性地挖掘、分析、洗劫一空了。如果瀏覽一下自上世紀至今的攝影收藏，我們在這一系列底片中不僅會看到正在逝去與更迭中的世界，而且我們也會看到趣味的本質逐漸被我們帶至模糊難辨：首先，主要以日常的匿名為主軸，旋繞在尋常之中，然後很快在這之外，成為奇特、毀滅與事件的遊客，攝影師試圖拷貝圖畫類型，專注於旅遊、異國情調、五花八門之事，所有這些引人注意之點輪番消逝。班傑明在一九三四年時曾質疑這種攝影的標的，其無能體會去捕捉一棟不舒適的房子或一堆垃圾來使其改觀：「其轉換了所有貧困的卑賤，將其轉換成一種愉悅的對象。」攝影藝術的這種階段在今日已被超越了，因為（被無動於衷所攫住的）攝影師似乎從此已無能去發現任何

新鮮事物好拍了。被不同媒體所強制的集體思想早就以摧毀感覺的原創性爲目標，以在眾人的世界中顯示在場（présence）（藉由提供他們用來規劃他們記憶資訊庫存的方法）爲目標。現在我們知道了，隨著電子科技的進步，所面對的是積極的智慧型人工義肢。

二十年來，神經外科醫生戴爾蓋多（Delgado）（思考的電流現象研究先驅之一）以植入來治療——尤其是鎮定——其患者。另一些人則思索運用電腦的「智慧」來作爲內在的人工義肢：「一顆微小的矽晶可能給予人類某種外國語或相對論的立即知識……」。

爲了給予人類一個不再是他自己的記憶，這些理論家想再次運用古老的普羅米修斯之鏡所產生的複製效果來正當化這個手術：「跨越將homo sapiens❺與更高層級分離的階段……轉換這個從數萬年來就不太曾演化的大腦器官等等。」

顯然的，這個步驟僅只是啓發自（在先前段落中成爲問題的）古老的政治－軍事宣傳。正是我們大腦自動性（automatismes cérébraux）的速度本身被這個電流管護（prise en charge électrique）所瞄準，其早在一九三八年，由盈溢法西斯主義氛圍的義大利精神科醫生烏果・塞勒堤（Ugo Cerletti）發現的電休克療法（électrochocs）所勾勒。眾所皆知此方法曾在羅馬的屠宰場中用於豬隻身上。這些牲畜在被處以電擊而導致

癲癇式昏迷期間被榨取殆盡。對精神科醫生而言，只要宣布癲癇患者絕不會是精神分裂患者，便足以讓數以千計患者繼豬隻之後接收那些還不確切知道其效果的放電……。否則就是用於懲罰，或很快地，用於烤打，像在拉丁美洲一樣，電擊對秘密警察而言是一個屢見不鮮的運用❻。也可以想到海明威在一九六○年所接受的治療：其同時摧毀其記憶與其作為作家的能力。使他在一個月後必得自殺身亡。

　　然而，多虧電擊休克法，從可疑份子身上強求而來的政治－軍事審訊口供也同時具有一種社會經驗或不如說社會－科技經驗的重要性，這是一種朝向透明的嶄新努力。漸漸的，科技的人工義肢或醫學的人工義肢傾向於形構出一種全新的、用於致使安定的混合，某種「無邊無底的意識」的創建，「個人存在的狂躁憂慮被消抹其中的整體意識」〔翁培道克勒（Empédocle）〕。

　　四十年來，人類的人工義肢緊緊尾隨著生物學、物理學、電子技術的卓越進步。在這段短暫期間，我們由幾乎無活動力的人形器械過渡到主動的輔助系統，特別是在感官領域裡，一種次意識門檻的安逸，其同時引起了空間向度及再現的危機。

　　隨著馬達的出現，另一顆太陽升起了，徹底改變了視界；其照明很快地就改變了生活，多虧了雙重的

放映機〔其既是速度的生產者又是（運動學或電影）影像的推廣者〕。在可見狀況下一切都動了起來，視覺的分解開始〔其並沒有先於物質與身體的分解多少，後者早在如馬黑的著作中，對最不具阻力形式的最初研究（氣體動力學）中被勾勒出來〕，在等待完全重組其運行場域時，速度與一些元素結合起來賦予了機械的外貌形式，風力的侵蝕從此擴增成速度的侵蝕。在等待過客適應之時，其同時雕鑿了運輸工具與風景。

即使我們只能以手遮住太陽來遮掩光的速度，電影影像傳輸與運動學身體傳輸的分解很快便被實現了，以至於很快地便沒有人對因快速所引致的視覺擾亂所震驚：運轉幻象（illusion locomotrice）將被視同視覺的真理，就如光學幻像顯現了生命的幻象一般。「電影就是每秒二十四次的真理」，導演尚‧盧‧高達如是宣布。馬黑連續攝影術的馬達節奏還只不過達到每秒十六個真理的地步。

在《觀看的藝術》（L'art de voir）中，艾爾杜斯‧赫胥黎（Aldous Huxley）記下了：「配戴墨鏡成為不只是普遍而且是體面的……墨鏡不再是殘疾的標誌，現在已等同於年輕、高雅與性感……。沈湎於墨鏡就如沈湎於煙草或酒精……在西方世界中，現在有成千上萬的人戴墨鏡，不只在海灘上，而且在駕駛他們的汽車時，在暮色昏黃時或在公共建築的陰暗長廊裡……

…為什麼會有如此多的我們同代人當他們的眼睛曝露在即使不太強的光線下會感到困擾與不適呢？動物與原始人一樣，不需眼鏡卻很幸福……」赫胥黎並不太清楚原委，但卻對此給出一個原因；動物與原始人並不會無謂地曝露於太陽下，他們也不會遇到馬達、汽車或電影中的太陽。對赫胥黎而言，光線先驗地停留在有益與自然的狀態，然而基於經驗，墨鏡的配戴者卻知道身體與影像的播映－散佈機器是瞄準式武器。他們因此很謹慎地遮掩其網膜，與主要是遮掩網膜黃斑與中央凹（fovea centralis），這是感覺最銳利的核心，而當他們處身於一個天然陰暗與昏黃的場所時，他們對影像突如其來的意外（這是放影機的強烈照明與運動學效果的其他加速向量）的擔心大增。黑色隱型眼鏡的配戴者認為，如阿佛黑・賈希（Alfred Jarry）一樣，光線是主動的，陰影則是被動的，光線與陰影分不開，而且穿透陰影，只要給予其時間的話❼。

　　在觀看的過程中，必須提醒的是，物體並不作為現實而被給予，而眼睛所直接感受的或視覺的第一物質，根據布羅德（Broad）醫生，是某種自身不具基質（substratum）之物。由是，全身麻醉的赫胥黎在清醒後接收到一系列視覺印象，其無意義地顯現於他眼前，因為，他寫道：「它們並不屬於我，它們只是單純存在著……」同樣地，馬黑從實踐中理解到，為了

能被一般人的眼睛所感知，身體的加速或運動的瞬息性（fugacité）需要一種取自記憶殘跡中的視覺引領術。鳥的純白或馬的純白，固定於實驗對象衣服上的亮帶，使身體消失而得以獲得在目前的馬達與其他傳播器間接照明下的數據瞬間混合。異質性接續了同質性，追尋的美學取代了美學的追尋，消失的美學更新了表象的事業。

　　可逆的連續攝影術（即電影），一種強加於我們視覺感知的器官之生理學的幻想〔阿佛列德・費薩（Alfred Fessard）〕，其因而自一開始便振動於持續的光亮印象之生產與（摧毀觀眾意識知覺並對立於眼睛自然功能的）純粹魅惑之間：「視線的固著指向（嚴格地說）被我們稱為單一事物的東西上，比如說，一塊有色污漬，視線的固著無法持續超過一秒太久，而不因此看到受試者陷入催眠狀態下的亢奮或類似病理狀態的嚴重危機中。」亞伯拉罕・吳爾夫（Abraham Wolf）醫生如是寫道。

　　總之，藉由（本身被構思為有效能的人工義肢）運動學加速器，對世界的測度成為（使時間喪失同步性的）運動或這些移動方式的向量測度。當馬黑將生物的運動化約成發光的符號時，他使我們進入一個前所未見的宇宙，在此，沒有任何形式給予我們，因為所有形式都已充滿於某一差異化且剝奪記憶殘跡的時

間中。

幾年前，有一個美國電視頻道曾想像要撤消聖誕夜節目，代之以播放燃燒中的柴火連續特寫畫面。如是，藉由將數百萬計的電視機轉換成「假壁爐」，這些節目規劃者企圖爲電視觀衆謀求一種等同於任何綜藝節目所創造出來的愜意狀態。動態光線的不具形宇宙事實上生產了一種極具特色的麻木遲頓狀態（torpeur）：壁爐、乾柴之火、歡愉之火或鬼火（feux follets）使我們無能去掌握它們的多樣轉變，因爲不管何時它們都不呈現穩定的形式。有趣的是去指出正是經由一長串的偶然與意志，電影工業得以延續其發明者最原初的工作。

在盧米埃兄弟的頭幾部影片中，可看到權力反映於婦人與小孩所穿著的白色裙子上，其因爲對衛生的憂慮與對瘟疫的擔心而大爲流行。時值時尚攝影中（除掉女用束胸未久）的女模特兒出現於白色背景之前，以便任人觀賞其身體的曲線，相反的，在銀幕上則發展出明星的神秘系統，其成爲新興景觀工業最基本之物。按由清晰度，明星也必須本身是上相的〔photogéne（發光的）〕，兩種性別的演員都在臉與身體上大肆撒用白粉，古銅色的女人被宣布爲「較不吸引人的」，而淡金髮色的流行，就如同摻織金線的服飾、亮金屬色反光織物的流行，註定使演員本身也成爲一

種不具穩定形式的存有，半透明式的彷如光線穿越其血肉；然而膠卷真的是透明的，而明星則不過是吸收觀眾視線的鬼魂，一個被採訪的幽靈，米歇‧西蒙（Michel Simon）如是說。導演約瑟夫‧馮‧史登堡（Joseph von Sternberg）描述女演員的臉就如同在描述風景，以她的湖、她的地勢起伏、她的谷地，攝影機旅遊其間，而他，導演，則只是負責照明。就如在馬黑作品中，現實的效果由光的放射所創造出來，變態影像（hétéromorphie）則誕生於照明的強度中。但這一切的出現相當自然，因為本世紀的偉大電影導演都承認先驅者對他們的影響。喬治‧梅里埃（Georges Méliès）的孫女瑪德蓮那‧瑪黛特－梅里埃（Madeleine Malthète-Méliès）敘述道：「小時候，我在房裡看到很多電影圈人士前來向祖父請益：何內‧克萊爾（René Clair），馬賽爾‧卡內（Marcel Carné），卡瓦爾坎堤（Cavalcanti），阿貝勒‧岡斯（Abel Gance），華特‧迪士尼（Walt Disney）……。」

　　至於阿貝勒‧岡斯，他喜歡引用拿破崙的話：「要吸引住群眾，首先絕對得對他們的眼睛說話。」而且他肯定地說，電影的明日，是在每格影像中的一顆太陽。一顆為了視覺真理存在的太陽，一秒鐘出現二十四次。此外岡斯認為必須使觀眾的眼睛窒息；在他拍攝於一九二六至一九二七年間的《拿破崙》中，他

疊加的共時影像（images simultanées）達到同一時間十六幅，根據他的說法，這代表了視覺極難跨越的門檻。在一九七二年，很合乎邏輯的，他寫道：將近四分之一世紀以後，電影或許將取得另一個名字，而且成為煉金術士的神奇藝術，這是其從不曾停止成為的樣子：即魅惑，在一秒鐘的每一部分，都能帶給觀眾這種在第四向度中無所不在的未知感覺，其消弭了空間與時間……。

當危機於三○年代橫行於美國時，美國的製片與導演發現正是電影技術本身能將他們自不景氣中拯救出來，而且可以賦予他們一種重大的社會與經濟任務：電影馬達的差異化時間自現前世界的表象中撤離，無所不在使數百萬的觀眾忘卻了他們的物質困境。他們經常出沒於電影院，對於影片所懷抱的想法就如對旅行時的火車一樣。桑德里區（Sandrich）〔其曾帶給舞者佛萊德·艾斯德爾（Fred Astaire）極高的聲譽〕要求一種幾何學的布景，其將黑與白、光與影暴烈的對比出來，由是消弭了塑形與體積的印象。舞者自己則著黑與白色，在固定（或幾近固定）攝影機前持續轉變。佛萊德·艾斯德爾鑲亮金細帶於折縫上的長禮服，他大部分的舞蹈只不過是生活中最尋常步伐或姿勢的風格化。總之，所有這一切只不過是馬黑連續攝影術的主題變奏❽。某些觀眾無法長時間抵禦

這種對待，而且在開始播放後幾分鐘陷入於有助恢復元氣的夢境中。

　　然而，吸引佛萊德・艾斯德爾的攝影師之一正是有名的愛德華・史戴亨（Edward Steichen），前第一次大戰美國遠征軍空中攝影行動在法指揮官。

　　自一九一四年起，歸功於偵察小飛機所設置的戰爭攝影，連續攝影術的技術歷經了新的發展。交戰國在空中偵察上應用影像分工與密集生產的工業方法：在一九一六年，法國人成立軍方的影片資料館（cinémathèque），而且史戴亨上校自己保藏了將近一百三十萬張照片，在戰後成為其個人的收藏。此外，許多這些攝影被以其作者之名展示並且販售，如同是其財產。稍後，紐約現代美術館的攝影藝廊依此徵兆（symptomatiquement）獻給史戴亨。

　　然而令我們深感興趣的是，在這數百萬張「服務於對敵人足跡景象的系統調查並組合對這同一敵人之摧毀」的照片，是正在形成的全新人工義肢協同作用（synergie prothésique），這個全新的混合連結了馬達、眼睛與武器。這次這個感官的煉金術（在同一變形影像中）能展示一種使所有形式衝向其毀滅的不穩定性。這種器械式的拼貼得以一分鐘接一分鐘、一日接一日地重構一棟建築、一道壕溝、一座城市或一片鄉間景色的磨蝕（在遠距轟炸或軍事決策者無所不在的

注視合成效果下）。如艾蘭·舍居拉（Allan Sekula）在他寫史戴亨的卓越文章中所言：「航空照片的意義，其閱讀取決於一切能自（作為軍事智慧）詮譯的理性化行動中所提取之物……很少照片（或許醫學領域除外）能在表面上如此『自外於』其用途的崇高意義。」

如是，（實現於攝影機中的）眼睛與馬達協同的觀念逐漸奠立，其並不局限於此機器之中，人工的視覺義肢從此可以（與人工的身體運輸義肢）融合於生產的圖式中。莫侯利·納及（Moholy Nagy）與包浩斯（Bauhaus）的許多成員利用他們的戰爭經驗，「航空化」（aérianisent）其相片，使其攀緣於屋頂，或高樓的救生梯上（約於一九二〇年）。至於阿貝爾·岡斯則宣稱必須將攝影機架上肩膀並騎上馬背、腳踏車、雪橇或鞦韆。

影像的疊印（surimpression）曾是無聲電影的一種程序，其企圖以影像來迻譯劇場中的旁白。作為顯露其思想與其感情，疊印使固定且名副其實被戰爭景象、海洋、天空、道路、斷續的元素……所穿透的明星臉部特寫變得不具人性。然而，到最後這進程再製了一種日暮時所感受到的視覺感覺。旅行時，注視著火車或汽車車窗玻璃上自己或他人的映影時，其被流竄而去的線狀紊亂景色所穿越❾。疊印將意味深長地被在汽車所達成的鏡頭推移（travelling）所取代。

　　從此，當監督導演向其助理高喊「開麥拉」時，他並不太有讓背景裝潢在其面前魚貫而過的欲望，而是想穿越它們，亦即戳穿它們。就如全速射向（其必須摧毀的）視覺目標的作戰飛彈一般，電影將致力於引致偷窺－旅遊者（voyeur-voyageur）一種暈眩效果，它現在所追尋的目標是賦予他們被投擲於影像中的印象。明星因而不再是景像的發光幽靈，從此布景中的唯一演員，就是觀眾大眾。比如說，吉姆‧柯蘭（Jim Collins）指出在佛萊德‧艾斯德爾的電影《歡樂時光》（*Swingtime*）中，「第一個鏡頭是一個主觀鏡頭，其根據位於陽台上的假想觀眾視角而攝，而其餘群眾（稍微下方）與場景中的阿斯德爾則保持於全然可見的狀態」。其重現了早期流動電影院的放映條件，就如加斯東‧鮑納（Gaston Bonheur）所描述的：「銀幕是吊掛在市長先生車庫盡頭的一張床單。我們這些小學生占據著第一排，並不耐煩地等待很晚播出的牛仔，而我們的年輕陰影則跳出來加入煙硝潰散、散亂牛群與野馬中。」

　　在意味深長地被改變成停車場前，電影院的放映廳變得極為壯觀，一座貨真價實的黑暗聖堂，其天花板隱沒不見且在一種天文博物館似的、吸納一切的深藍中閃耀著偽造出來的星座。在電子琴聲中，放映機的燈光變幻、半明不暗與黑光的精微漸層組成了再現

的一部分，早已就緒的觀眾則處在一種螢光狀態，他
們也散出一種神秘的明亮。這一切就發生在一種公共
運輸的大量發光訊號燈中，其可能突然成為特殊的共
同蛻變，一種一切都已在此的不動時刻，在光線解放
速度的微光（faux jour）中，它使我們事實上免於旅遊
卻能享用對某個（不斷前來且我們一再等待中的）世
界專注下的不耐。

　　展示著親切且神話般小人物的動畫深受喜愛，其
就如剪紙般從創造他們的描繪者紙中脫離，糾纏著其
公寓，擾亂他的工作檯，輪到他們玩弄鉛筆與畫筆。
這種虛構畫面將動畫引進逼真的布景中，實現了以現
實觀點而言，相當不錯且觀眾期待的變形。一種全新
的向度位階，強烈的視覺化接替了與物質的觸感或接
觸；尋常的幻象者、集體的幻覺遊戲、每個人都輕鬆
地從紙張或架上畫板的矩形到銀幕的矩形且到表面效
果的簡要詭計中（machination synoptique）。

　　眼睛與馬達的疊合（congruence）從此統領劇本的
分鏡，全新的視覺真理使生命的節奏變形。不再需要
事實與場所的預先展示，而這在劇場中卻舉足輕重：
在電影開演前，觀眾早已猜想出有什麼在等待著他
們；劇本愈是簡單基本的，愈能找到從演出景觀中自
娛之法。總之，其不過是借用了曲折下滑之線（tracé
du slalom），目光追隨著膠卷銀幕捲動，在此一切的邏

輯、一切的死灰復燃都成為意外之事。懸宕（這種暫停是將動作停住，以在觀眾心中發展出突如其然出現的人工式驚恐）終於再生產了加速旅行的劇本：

> 「當我在森林中徒步散步時，」一個當代人寫道，「我很顯然地暴露於林木倒塌或前來偷吃糧作的動物攻擊之中，但這些都是極罕見的危險。反之，如果我某週日在楓丹白露路上以時速百里疾馳的汽車中，我的處境就大為碰運氣了……駕駛汽車者的命運成為一種純粹偶然。」

速度將視覺視同第一物質；伴隨著加速，旅行就如同是拍攝影片，其較不是生產影像而是生產全新、不似真實、超自然的記憶殘跡。在這種脈絡下，死亡（mort）本身不能再被感受成必得一死（mortelle），它成為如同在威廉・勃羅斯（William Burroughs）小說中的一個單純的科技意外，影像帶與聲帶的最終分離。鐵達尼號或齊柏林飛艇，這致命的災難對於這巨大運輸工具的乘客而言彷彿是一個荒誕非現實的假設，且當船隻沈沒時，人們仍持續在交響樂聲中載歌載舞。然而，介於節慶幻象與意外出現間的失調只是表面上的，因為高速飛行與快速旅行已狡詐地轉變了節慶，並將遇難變成快感的終點。難道不也正是這種本質上感受到沒有明日的節慶欲望，在將他們吸引往機場之

前，在超級市場開始自助式地販售旅遊之前，推動了許多世代朝向火車與橫跨大西洋客輪的世界主義（cosmopolitisme），也朝向國際豪華飯店與電影的殿堂。

　　從火車或汽車車窗觀賞風景的流逝，凝視電影或電腦螢幕就如同透過車窗凝視，除非車廂或機艙自己已變成放映間……鐵路、汽車、噴射機、電話、電視……我們整個生活通過這些我們甚至不再意識的高速旅行人造義肢……「長途旅行的需求終結於安置在位移本身中的生命固著❿。」

　　當我們旅行時，我們到底身在何處？在菲利亞斯·佛格（Phileas Fogg）〔朱勒·梵能（Jules Verne）小說中的環球旅行者〕計算八十天遊歷後所多出的這一天中，對他在倫敦的朋友而言，他是否並不存在？很顯然的，是菲利亞斯的高速旅行將其導向如此，一切借來的運輸工具對他製造了虛假的一天。然而，被狡黠的馮都（Fandor）「衛星化」（satellisé）於「等待此線盡頭的循環路線」⓫中的勇敢吳爾夫（Wulff），並未發現一個過去從不曾存在的特大都市：「我遊覽了巴黎，」他讚歎道，「當他最後總算從其車箱中被拉出來時。這是一個龐大的城市，從早上五點我上火車至今，我共數了一百二十七個車站，且我們著實跨越了十條河流……。」

　　音樂廳產業榮景崩潰於二次大戰期間的經濟大蕭條之時。電影殿堂、大飯店與跨大西洋客輪很快地便空無一人，而現在，在已開發中國家中則是電視每年都流失數百萬計的觀眾。每次這都被說成是暫時的危機，然而事實上，當一種技術死亡時，這是它被另一種被認為性能更佳的科技所取代，因為這些改變的任何其中之一不是獨立的，所有這些構成一種唯一且原初的追尋，即對次意識舒適的義肢之探尋。

　　比如說電影，長久以來，人們談論著入睡前儀式（pratique hypnagagique），將觀眾比量於主持彌撒的小童，其在陰暗中昏昏沉沉的儀式。人們甚至分析到中場休息時紫雪糕奶嘴的形狀，這是一種將在影片放映時被慢慢吸吮的易融商品，其有助安置於另一種世界的知覺狀態中。在倫敦，最後一次世界大戰之後，當居民仍遭到食物與經濟的艱困緊縮時，電影院幾乎保持全天二十四小時開放。

　　如是，某些觀眾以低廉的價格在此度過幾乎他們所有的生活，電影重新創造了隨心所欲的機會，進入另一邏輯中，在此得以自和平的表象中逃逸，就如過去自戰爭的表象中逃逸，生活於地鐵的走道中一樣。此外，真正的愛好者隻身前往電影院且絕無法忍受鄰座在演出時的任何聲響、任何奇怪的動作。一張電影票的價格成為某種動產價值，其考量了整體的時機：

最昂貴的是既深且大，如普爾曼頭等車廂式（pullman）的扶手座椅，而既硬且不穩的摺疊椅則讓給低價位的。希區考克的名言：「電影首先是扶手座椅與坐在裡面的觀眾」擁有完全別於重商主意的言外之意，觀眾的扶手座椅就如同尚·雷諾在他生命盡頭時的扶手座椅：「推我的輪椅，」他要求他的秘書，「我就如一台慢動作運轉的攝影機。」

當電影工業停止生產半明不滅的微光（虛假白日），當其企圖獲致逼真性時，它就進入危機了。

劇本的寫實主義、演員的平庸化、彩色攝影的精確、寬銀幕電影（cinémascope）或俄式環幕電影（kinopanorama），所有這些都為了喚起注意，一直到推軌的運行，其企圖傳遞給偷窺─旅遊者一種與觀景鐵道（scenic-railway）相符的運輸式醺醺然，一種與高速賽車乘客一模一樣的感受。一種全新的競爭意識介於工業電影（這類影片必須將作者的資格發派給生產團體而非單一作者）與汽車工業之間，然而演藝相關人員卻搞錯了由個人運輸機械所獲得的成功本質：大眾化的汽車並不是發動馬達的那種紈袴子弟式汽車（只為了追尋暈眩的快感），而搖晃的小汽缸汽車之成功與戰後美式大汽缸汽車的戲劇性停產必已帶給製造者一個警訊。

週六與週日在電影殿堂售票口前大排長龍且相互

推擠的觀眾消失了，因爲大排長龍從此重現於（同樣是週期性的）高速公路的收費站前。簡而言之，曾推動大眾朝向電影院扶椅的，現在則將他們推向汽車的座椅。

　　從這個角度而言，電影院的演進對城市分析顯得有用：超大型的陰暗殿堂讓位給區隔化的小型容積（其奇怪地讓人聯想起交通工具的小室）。轉口空間的最小值，最小可能表面中座椅的最大值，景觀式大型建築的時代似乎已經結束，新的歌劇院則是波音747，一種試圖藉由影像的魅力來彌補旅遊單調的放映室，高空橫渡時的慶典，過客式的去城市化（désurbanisation），在此游牧的小城市（micropoles nomades）取代靜止的大都會，懸突的世界不再有任何利益，以至於超音速次意識舒適需要對它完全遮掩，以等待光線可能的熄滅與乘客的麻醉……今日的問題因而不是去知道電影是否能不再需要一個場地，而是一些場地是否還能不需要電影。城市規劃的偏移，建築總是挪動，住宅只不過是某個開端的變形影像，除了（大寫）歷史的懷舊者外，羅馬已不在羅馬，建築已不在建築，而是在幾何學、在向量的時空，建設的美學被掩飾於傳播機器的特效中、在轉移或運輸的機械中，藝術不停地消失於放映機器與宣傳機器的強烈照明中。在建築－雕塑之後，是電影造假（facticité cinématographique）時代。不管以固有詞義或轉義，從此建築就是電影（建築像在演戲）：城市的習慣被不熟悉的運動機能（motricité）所承繼，爲了震攝群眾的超大陰暗廳院，在此，（視聽的與汽車的）傳遞速度的光線更新了太陽的光輝；城市不再是劇場〔政治集會廣場或論壇〕，而是城鎮的光線電影院，他們已回到烏爾（Ur）（Our，即光），相信沙漠並不是水平線。

在他們的汽車中，窺視一旅遊者重新找回習慣於大銀幕的行爲，甚至找回本世紀初那些在國際間打轉人們的行爲：「那些分享著船上時光的男男女女們不再是他們自己……所有的乘客都開始從自我中出走，昨天彼此都還不認識，明天則永遠地各奔東西……⓬」交通運輸的速度只不過增加了不再〔失神〕，旅行則爲了遺忘。過去都這麼建議精神衰弱者，旅行可暫時緩解自殺的誘惑，並以另一代替物對立它 —— 出發時的小小死亡；移動快速性的獲得取消了旅行慶典的沒有明日，而且對每個人而言，這就如同其最後日子的不同重複。

近來電影製作的極度逼眞因而不再能滿足窺視－旅遊者的期待，「現實與非現實的辨證統一」馬歇爾・萊爾比耶（Marcel Lherbier）如是說。而且旅行的立即混合（鄰近的關係被削弱了，其隨狀況不同而距離增加或縮減）再也不能滿足他們，怪異成爲日常

的，而尋常的表演成為無記憶的世界。

更佳的是，動態幻像使窺視－旅遊者得以在擋風玻璃的螢幕外放映他們自己的奇異幻想。O. V. N. I.❸，這些目擊者無從由他們現實世界的記憶中加以歸類的發光物體，卻有大量的人們聲稱見過，顯示了技術效果已足以將我們打成記憶失調（paramnésie）。

在美國片《第三類接觸》中，O. V. N. I. 的出現類似於在發光播放螢幕上的影片，再次重新地接上馬黑的精神與工作。這個成果獲致了龐大的商業成功且創造了一種全新的競賽。今日這類影片的大肆增加，融合了電子視效及音效，騷擾著電視的世界，卻無能在技術上為觀眾創造出一種全新的辨別力（gnosies）。當貪圖於機動車頭能量的法西斯份子馬希內堤（Marinetti）及其競爭對手思索著人類中心論的超人時（人類與發動機即將到來的同一性），他們面臨的是鋼的移植，身體消失於由科技學生產出來的笨重人工義肢中。這有點類似愛倫坡的方式，在這個短篇小說中一個殘廢軍人成為移植器官與肢體的拼圖，某種（當他想得到休憩時）能自我拆解與完全消失的機械娃娃。他只想認同於馬達，這其實是認同於向量，就如同勃羅斯關於語言所寫的：「它是一種如同身體中它者的組成份子（constituant）……字詞都是微—有機體（micro-organisme），只有直到感官不同層級下的電子革命才能

匯集與整理的活躍灰塵。」

科技總體性革命〔即微型化（miniaturisation）〕之深入原因尚未被好好思索。縮減一切機械尺寸或幾近空無，這不只是提供人體可替換的零件，將其置入人類身體的比例尺中；這更是在個體內部創造一種接近可感受（parasensible）的競爭，一種存在在世上的切分（dédoublement）。

如果美國電視在一九七八年流失了約五至六百萬觀眾（他們停止在固定時刻打開他們的小螢幕），古老的汽車工業則在同一時間極佳地克服了能源危機（根據某些專家，這危機對其應是致命的）。汽車或摩托車的狂熱使用並無任何目的（相反於大眾運輸工具的使用），它並不先天地是一種跨越距離的問題（其註定創建了全新的旅行條件）。什麼地方都不去，在一個荒寂的地區或擁擠的環城道上繞圈子閒看，似乎對窺視－旅遊者極為自然。反之，停留、駐紮，則是令人不快的活動，而且即使駕駛者痛恨前往任何地方或朝向任何人。拜訪某人或前往觀賞演出對他而言需要一種超人的努力。

他能抵達一切最遠之處，但卻只有在他交通工具的窄仄小間裡，束緊於其座位上，才能感到安適。就如電影觀眾般，他事先已認識佈景、劇本、〔促使速度且向量駕駛（conducteur au vecteur）認同的企圖之〕

除垢風景的變種之不在。如果大部分的開車者仍然不能運用一種複雜的電子語言，仍不能混合身體與資訊的運輸，至少車頭大燈與二側的車燈似乎已是一種原初的訊號放射，一種駕駛人隨意濫用的欲望及新的在場表達。他們依序複製了越來越強有力的交通工具照明，或喜歡以車頭燈的叫喚來暈眩另一輛車中的乘客。同樣的，獨身的人們持續地扭開收音機以聽到一些聲音而非為了聆聽任何節目。在迪斯可舞廳中（其不賴地產生電影殿堂的古老效果），跳舞的人們前往是為了能獨自一人在舞池上……獨自一人在嘈雜的人群中，在七千瓦擴音器與雷射光束作用的保護下。同樣的觀察也得自對老人與離群索居者的社會救濟人員眼中：「他們抱怨著他們被遺棄，然而他們卻對看到人們或被人們看到、對與活生生的人直接接觸感到厭惡；她們寧可用電話，向其吐露心事，他們稱其為人工耳朵。」從電影殿堂出來後，窺視－旅遊者並未因此逃離了世界的虛假，而是實現了，如黑‧布哈畢希（Ray Bradbury）所暗示的，「林布蘭特與華特‧迪士尼的願望」。

　　一個迪士尼的老合作伙伴敘述道：「華特的想像力就如一台高速運轉的馬達般轉著……而你知道迪士尼樂園的想法是怎麼來到他腦中的嗎？有一天他帶著他孫女去騎旋轉木馬，當她坐著木馬旋轉時，他坐在

一長條凳子上邊吃花生邊等，他想到或許必須有一個父母子女都能同樂的地方……簡言之，旋轉木馬停了，但想法誕生了，且於一九五五年在距洛杉磯四十公里的一座橘子園中付諸實現：迪士尼樂園，第一座以假象（trompe l'oeil）來構思的娛樂公園❶。」在此，回歸到原理成為成功的條件，回歸到坐在古代旋轉木馬上以他們的玩具長矛串起一串圓環的小騎士，令人昏頭轉向的虛假失神，在此每個人都成為一個巨大飛盤電影鏡〔（phénakisticope）動畫的始祖〕中的過客。隨後，迪士尼世界來了，在此梅里埃的弟子們更加擴展了其運動學對世界表象的權力，將城市組織起來的方式就如其先驅偽造其影片一般：「迪士尼樂園與迪士尼世界的衝擊力來自華特的電影才能。」仍是某位合作者如是描述：「這些想法間相互補足與相互延伸，而非相互競爭。如果人行步道在我們的王國中是如此美好，那是因為建築物與交通工具的體積比正常縮小了五分之一。沒有任何嚴格被複製的東西（火車或汽車）是正常尺寸的，這創造了……夢想。」在這裡，散步者就如坐在輪椅上的雷諾，都如一台攝影機般運作，然而變形影像卻是藉由向度的替換而創造出來，一種距離與表象因子的篡改。

技術的虛無主義所摧毀的世界不如速度的虛無主義所摧毀的世界真理，就如保羅·德·寇克（Paul de

Kock）在一八四二年所寫下的：「鐵道是貨真價實的
自然幻燈（lanterne magique）。」這同樣解釋了夏勒‧
寬（Charles Quint）定義其統御時間帝國❺的方式，在
此「太陽從不西沈」。對一個征服者帝王而言（其對宇
宙的攻擊永不止息），單獨一日就如一千年，且征服來
的土地被化約成這獨一無二的一天的光芒。總之，征
服的對象，換句話說，速度權貴❻的欲望對象，被等
同於光的速度❼。

同樣的，勝利者將在戰鬥的夜晚告訴戰敗者：
「這一天絕不是你的！」

一位目擊者報告說，西班牙波旁（Bourbons）皇
室就如「那些在每天固定時刻會有相同人物出現與消
失的德國鐘般」運作。就如戰場將一天授予古希臘軍
司令，帝王接受了日復一日千篇一律的禮儀，使其獲
致一種生活於單一且永恆一日的感覺。追求絕對權力
的具體結果〔在頭幾個瓦盧家族（Valois）時代〕就是
定期集會的建立，在此所有人都被邀請而來，慶典、
遊樂（desport），所謂「無與倫比的日子」之發明…
…。同樣的，嘉年華會，其原本從三王朝聖節（jour
des Rois）直到舉行聖灰儀式的星期三（mercredi des
Cendres），被威尼斯人延長到六個月之久。

在一切朱比特或阿波羅神話之外，一日的產生被
等同於權力，因為作為速度的光線也僅只是向量。隨

著法國君主制度的沒落，漫步於凡爾塞宮的步道上經由皇宮到堤亞儂宮（Trianon），然後到小堤亞儂宮，最後到皇后宮（Hameau de la Reine）。可以自問導致這種對藝術舖展炫耀的原因，但這些藝術首先是人工製品（artefacts，以這個詞最嚴格之義），是自然現象的機緣與加工之人工結構或現象，一切感覺在此化約成視覺幻象。藉由煙火，就可以理解到噴泉組合在這種宮殿中的重要性，其同時是力學向量與其強度的多樣性……。在每滴水珠中的太陽，動態的水景使拍擊於我們身上的幻象成為可感知的，這種「自然，其將可見性的面具戴於不可見上，其，根據雨果，僅只是一種被透明所校正的表象」。

在摩勒謐貢城堡（Vaux-le-Vicomte），水在空中的噴射由接連不斷的序列所完成，其相互交疊直到最後浸淫觀眾眼中的城堡影像。全然地將其飾上光環，一種動態持續性（perpetuum mobile）的機制被運用於對一個形式到另一過渡的最佳和諧化，直到其瞬間消失的閾值。當君主的絕對權力沒落時，水的運動學也消失了：在皇后宮建造了一個假池，水停滯不轉就如在西班牙波旁王朝的小人國式軍械庫中，當時人稱小便池。最後一批君王住在他們的皇宮旁，在「藏嬌之屋」❽中，尋覓著重獲某種對立於無可模仿的日子，或凱旋王權沒有明日的日子中的日常性實在論。他們因而

將形成時間的諸般用法，其僅與禮儀的嚴格性及他們
仍掌握的孤獨權力現實有著極遙遠的關係。依次地，
這些鐘錶匠、鞋匠、鎖匠，當他們被看很快地都被斥
責爲精神錯亂，到如同巴密耶的路易二世（Louis II de
Bavière）般，其企圖重聚人潮於皇宮，重建皇室幻象
般日子時。

我們已位於損毀聖像論爭（querelle iconoclaste）
或身體與不使用的碎裂物間連結的核心。如是，由戴
歐德林（Théodeline）給予其丈夫都漢公爵（duc de
Turin）的著名「鐵冠冕」，它是由覆蓋著黃金薄片的鐵
環所製成。當時的同代人認定，它被製成是爲了向戴
著它之人顯示權力是一種隱藏於騙人光芒下的重量而
製。緊接在失去意識之前、且能自主地斥責凝視之人
的眩目光暈、巨大空無或光環上的光芒，其圈住了神
化的帝王之臉，然後是基督及聖者之臉。飾以寶石的
戰盔、教皇的三重冠冕、王冠、權力的標誌同時也是
皇室涅盤（nirvana royal）的有效人工義肢，其將國家
的參與轉換成經由王子的主體操作。失寵、政治災
難，正是流亡遠離了這道中央之光且沈浸於黑暗之
中；或者是監獄，其並不如埋葬般完全封閉，但卻在
地下監獄無窗牢房的暗無天日中。

愛顏・瓦達（Agnés Varda）在關於其電影《幸福》
（Le bonheur）的導製時宣稱：「我想到印象派畫家，

因爲在他們的畫布上有一種符應於某種幸福定義的光
輝……如果有一種悲劇在其中，那是由一種被推至極
限的幸福欲望所引起。」瓦達的這番話或許可以被節
略，幸福這個詞可以簡單地由她所給予的定義所取
代，且可以獲得一個更爲明確的句子：「如果有一種
悲劇在其中，那是由一種被推至極限的光輝欲望所引
起❶。」

　　生產某種次意識舒適的人工義肢就是生產白日模
擬器（simulateurs du jour），甚至是最後日子模擬器，
這是工業生產物的變形，在此，經濟的現實整體接替
了運動學。

　　迪士尼企業耗貲了一千七百五十萬美元在一部新
科幻電影《黑洞》（*The Black Hole*）的製作上〔哈里
森‧艾倫蕭（Harrison Ellenshaw）的特效在《星際大
戰》中只用了十三張透明片，在此則歸功於由電腦操
作的全新攝影機，共用了一百五十張〕。

　　然而在同一時刻，聯合了許多政府，由北大西洋
公約組織所鼓勵，並由許多工業公司與其研究者所鼎
力協助，迪士尼企業正在構思EPCOT（明日社區之實
驗原型），其並非「一個生產觀念的工廠，而是行動中
的觀念」，就如華特‧迪士尼所希望的，「這是爲了忘
卻現存的憂愁與死亡……現實的世界」。

　　不同權力對欲望的承擔已不再是由不同向量對意

願的承擔,而是對等待,對所有等待的承擔,其藉由
身體的附屬設備而成為可能。由是,最近曾如此娛樂
了法國人的「政治秀」(politique-spectacle),其實早已
在美國退流行了,在那裡選民已愈來愈稀少,因為唯
一真正的多數是被機動化(motorisée)的,其取得了
「良好反射反應」的駕照,換言之,習於對條件化刺激
反應,且在此喚起其最終注意力的方法是生產光線或
聲音訊號而不再是角色-候選人的假設形象。反之,
技術的衰弱從此可能取代政治或經濟錯誤:法國緊接
於美國之後驗證了這點:「黑色星期二」,當一九七八
年十二月十九日八點二十七分電流傳輸在德國邊境驟
然停擺時。「一個更加晦暗未來的一般性重複……」
已威脅了法國電力公司的負責人。為時一整天的大
寒,就在聖誕節前一週交通最為擁擠之時,老天爺大
發慈悲地對待那些沈浸於極大憂心的都市人們。再次
地,悲劇誕生於對明亮的欲望與黑夜的操縱不知節制
中。就在一年前,一九七七年十月的休士頓,幾年來
使用由「阿波羅」任務放置於月球上的遙測
(télémesures)器材實驗室停止運轉了,控制螢幕驟然
熄滅,且從此再無任何東西於這個死亡星體上移動。
對我們而言,只剩下去忘卻介於影像或波動的擴散與
物體或身體擴散間似是而非的差異,因為一切的時延
都將經由強度來自我估量。

注　釋

❶譯注：esthétique paroptique du monde réel。關於異常感官美學，維希留進一步的解釋為：「就如本書下一段落中，昂希・漢勒對音樂圖像的知覺，樂聲在他眼中激起的是視覺影像。」

❷國家的政治權力比起某一階級為了鎮壓另一階級所組織成的權力而言只是次要的，更物質一點而言，它就是polis（譯注：希臘文，城鎮），治安（police），亦即道路網路（voirie）。保羅・維希留，《速度與政治》，Galilée出版社。

❸譯注：拉丁文，再現或影像。

❹譯注：希臘文，心靈的沈靜。

❺譯注：拉丁文，現代人類的生物學學名：智人。

❻阿蘭・裘貝（Alain Jaubert），〈電擊休克法〉（Electrochocs），《宏觀鏡》，第六期，頁28。

❼從十六歲起便幾近失明的赫胥黎以一種極衰弱的視力一直活到一九三九年。然後他發現了貝茲（Bates）醫生的視力改造法，讓他在幾個月後便可以不戴眼鏡閱讀。他因而寫出了《觀看的藝術》以闡明此法（Payot小圖書館叢書，1978）。

❽歌手克羅德・馮絲瓦（Claude François）在音樂廳中使用類似的手法，從一開始，他便總是在同一面圍繞著蠟燭的放大鏡子前化妝：其變幻的光線，據他表示，極完美地為舞台上的燈光作了熱身。此外，他將其歌曲中的極度悲傷配上愉悅、歡愉的音樂與舞蹈。

❾保羅・維希留，《速度觀看儀或速度之光》（*La dromoscopie ou la lumière de la vitesse*），Minuit出版社，1978。

❿加斯東・哈伽歐（Gaston Rageot），《標準人類》（*L'homme standard*），Plon書店，1928。莫宏（Morant）在十餘年後應是從這本書獲得靈感而寫出他的著作：《匆忙之人》（*L'homme pressé*）

⓫P. 蘇維斯特（P. Souvestre）與M. 艾蘭（M. Allain），《封都

馬斯，一個被囚之王》（*Famtômas. Un roi prisonnier*），
Laffont 出版社。

⓬加斯東‧哈伽歐。

⓭譯注：不明飛行物體（objet volant non identifié）的縮寫。

⓮賈克琳‧卡第耶（Jacqueline Cartier）在《法國晚報》
（*France-Soir*）的一系列文章：「米老鼠夢遊仙境」（Michey
au pays des merveilles），1979年1月。飛盤電影鏡事實上影響
了旋轉木馬；藉由旋轉，此機器經由視覺感官的持續呈現運
動的幻覺（希臘文：phenax，-akos，騙人的，與skopein，考
查）。

⓯譯注：Empire de l'horolâtre。關於這個詞，維希留進一步解
釋如下：「hôrologion——指『關於時間的』。自文藝復興與
天文及機械鐘的大量出現後，各統治王朝〔波旁
（Bourbons）、阿布斯保（Habsbourg）……〕就同時成為
statolâtres與horolâtres了。這兩個詞意味著以一種近乎神聖的
方式來統御空間與時間的意圖。在法國，太陽王路易十四就
是其中一個例子。」

⓰譯注：dromocrate。dromo是維希留常創造新詞的字首之一，
其希臘字源drromos意指「奔馳」，底下凡與此字首相關的詞
皆暫時意譯為較易理解的「速度」。

⓱「Yom，希伯來文的天，開始於黃昏，光線的驅逐，Ur的離
開……希伯來的天介於兩種光線之間！」（徐穆耶‧狄伽
諾）。古希臘軍司令（polémarque）無黃昏的一天因而直接對
立於聖經上的一天。

⓲譯注：logis de filles，直譯為「女子住所」。維希留對這個詞
的解釋如下：「這是在鄉間的幽雅小屋，專供有錢人與情婦
秘密幽會或姘居之用。」

⓳「人們寧可完整擁有幸福一天而不要擁有一半幸福整個禮
拜。」希契留（Richelieu）的騎兵軍官如是寫道。而聖—巨
斯（Saint-Just）離此言不遠矣！就如福婁拜所斷言的，一部

作品的重點正是統一。對他而言，這統一存在於一種宰制性的色彩中，且他解釋道，在寫《包法利夫人》時，他尋覓賦予一種鄰近於白色的單一色調，其就如霉的顏色般不可定義。總之，一種宰制性的光亮使五顏六色變得陰沈。然而，歐洲的繪畫總是傾向於發光的幻象，以散射光線，而先前的方法則只是使其接收。這可以在布哈畢希的《林布蘭特與華特·迪士尼》中找到暗示。

3

　　在其主題可概括爲科學－科技－另類世界的狀況下，美國與工業化國家科幻小說的更新似乎聯繫著宗教與教派的更新。在一方面，如果人們如同勞倫斯·雷湘（Lawrence Leshan）教授般，致力於展示在原子物理學家與偉大神祕主義者的著作中對宇宙及其法則的視覺相似性❶，科幻之敘事小說則興味盎然地描述介於我們在世上存在與我們意識中不同程度的感覺缺失（anesthésie）間的不可共存性。後者會在任一瞬間將我們帶向一種或長或短、或嚴重或輕微的失神中所引致的搖晃，甚至以不同方式導致瞬間沈浸於不同的宇宙，一些平行、間隙與分叉而出的世界中，一直到由過量的穿越快速性所造成的黑洞中，一種純粹的速度現象，去除了白天與夜晚的原初分離。

　　作爲回應一種全新的憂心質疑，這種小說其實只是相當忠實地改編《創世紀》的猶太－基督教版本，其由科學，特別是科技媒體來直接扮演原先是由第一個女人所扮演的後勤角色。撒旦❷，在聖經上就如一個女人的誘惑者般出現，而女人則誘惑男人，其啓動了註定要消失（而非死亡）的人性循環，換言之，此

循環註定要將她逐出她居住其中的世界，而這首先如同一種意識現象達成。事實上，肉體從人間樂園被驅逐前先有一種邃烈的視覺錯亂，其完全改變了這一對所生活世界的表象：他們的雙眼開啟了，他們看到他們赤身裸體，他們遮掩了他們的裸露，他們尋覓著想隱藏、想逃避上帝的目光。在此有一連串令人訝異的視覺現象序列，而非一般所樂於重述的，性的革新。事實上，誘惑，導向遠離seducere ❸，取得了一種動力天體的面向（dimension cosmodynamique），誘惑是一種從一個宇宙過渡到另一宇宙的儀式，其意味一種朝向人性共同的偉大出發，某種永恆不變事物的身體與器官領航開端朝向（大寫）時間之另一部門的開始，一個基本上差異的時空，因為其被感到不穩定、動態、可傳導的（conductible）與可轉變的，感到如第二宇宙的創生（其完全有賴於這個原初的過渡儀式）。遠離誘惑因而確切地銘刻於世界的動力中，且女人在此並不是占有的（possessive），既非被占有也非占有別人（possédée ou possédante），而是誘人的，這種引誘的力量事實上是萬有引力，是宇宙的重力，是axis mundi（世界軸線）。

　　作為此過渡的女情人，她事實上組織了一切涉及速度之物，所有參與男人生命運動之物都銘刻於她身上或都與她形成競爭。

　　根據諾瓦利（Novalis），這個心愛人兒（bien-aimée）是宇宙的縮寫，且此宇宙不過是心愛人兒的延伸，女人的身體等同於傳播的身體，是一個介於男人與新世界的理想向量，在此已不再簡單的只是一對配偶，而是一種三位一體（trilogie）。Seducere的孤獨運動或性交的需要被置入一種連帶的運動之中，配偶亦同時是一種被挽套一起（共同驅使效應構成）的牲畜（attelage）❹，一種二個位子的運輸工具，其涵蓋著作為第三個搭擋的領土式身體❺。

　　在《創世紀》的插曲中，可觀察到由一個宇宙到另一宇宙的過渡儀式之完成，其不只引致了視覺變形，而且引起一種立即的遮掩，一種身體的謹慎掩飾。在此，可以聯想起漢娜・鄂蘭（Hannah Arendt）的反思：「恐怖（terreur）是一種運動法則的實現。」

　　在聖經的故事中，恐懼總是同時伴隨著誘惑，因為後者正是由遠離所產生，一種速度的現象，在此意外的預言不斷在瞬間被更新。

　　第一個男人的「錯誤」是不隨便地就被稱為「墮落」，由是，古代人在適於被稱為原罪之物與他們自己用來作為身體自由加速的自然馬達（其投擲而且是撞擊）的塵世重力間建立一種直接的關係？

　　當阿蘭・徐婁寇夫（Alain Schlokoff）（「幻想電影週」主持人）關於以恐怖電影取代情色與黃色電影肯

定地說，性不再存在，恐懼取而代之時，絕勿低估大眾這種感受性改變的重要性。因為黃色電影觀眾從電影馬達所獲致的快感宣告了一種已經啟動的縮影（raccourci，捷徑），可比擬於科幻小說相較於聖經假設的縮影：人的中介者的消失與性特質（sexualité）的浮現，其直接與科技物件（只要是馬達、運動向量的物件）接觸，且恐怖電影正常地承繼了色情電影，就如運動法則在某個宇宙（在此技術的攀升對應於額外速度（vitesses surérogatoires）的使用及追尋）的最完美實現。此外，在科技交通工具的演化上可看到一系列性挽套的再現。介於座椅與圍繞腰身或髖部扶手靠背的效果間之相似性，介於移動座椅（攜帶式椅子）的發明與第一輛汽車（如有輪座椅之樣式）的發明〔福特、戴穆勒（Daimler）、賓士〕間之相似性。在汽車內部與閨房（alcôve）內部的類似性，雙人床舖與直到被使用於幽會場所的振動床舖（其同時也令人聯想及性交的共同旅行）。

如果恐怖是運動法則的實現，華麗裝飾則是驚恐的運載者。吸引目光即是將其捕捉並轉移注意力（視覺幻象）到一個完全如幻象般被感知的世界中。變性者的遊戲使水平視域的吸引力與對旅遊的邀約從此耳目一新。尙·嘉賓（Jean Gabin）被女演員米歇萊·摩貢（Michèle Morgan）所誘惑，驅前以這些話與其攀

談：「妳應以這對眸子周遊各地且不賴地勾上不少。」
今日如果一個女孩還要名副其實地「尾隨一個男的」，
對她而言，就如同搭便車般，是為了享有「在旅途時
間中緊接不斷的脫離自我」。然而，在搭便車的過程
中，危機措施直接地介入進來，因為汽車一向量成為
宇宙的縮影，心愛人兒不再「延伸」，而是被化約、限
制於無所不在的立即性中，直到恐怖、強暴或犯罪前
來完成運動的法則。位移的速度歪曲了成為以消失及
滅絕的方式對美女綁架之古老搶婚。

　　往昔學校中對著制服小女孩的教育，以嚴格的管
教使小孩成為人工製品（artefacts）的創作者為目的，
且不僅使其作為女人身體一向量的美妙機械性
（mécanicité）之恆定參照，且作為其智慧與個人才智
欠缺之恆定參照❻。儀表、華麗裝飾、儀貌、舞蹈都
曾是極有用的生理認同、本性及衰弱的偽裝。無知，
甚至性上的無動於衷，賦予所謂的「傻大姐」（oies
blanches）一種最高的可靠性，一系列總是重複、用來
制伏周遭特別是所選取同伴的手段之實行，這是在一
個男性社會中（其迫使被給予嫁妝的女孩早婚，其餘
則投入次級工作、進入修道院、從妓或貧困中）唯一
有效的自保方法。然而必須提醒的是，尚一賈克·
德·貢巴謝黑（Jean-Jacques de Cambacérès）（其參與
了新民法的撰寫，此民法對十九與二十世紀的布爾喬

亞丈夫群極其的珍貴）是一個同性戀者，這似乎幾近
合乎邏輯，在一個軍事化社會中，戰士伴侶的裝飾被
重新賦予價值，同性戀的挽套活在征服距離的節奏
中。對帕馬公爵（duc de Parme）而言，拿破崙夫婦的
異性戀顯示一種必然但卻不祥的俗套，夫婦的責任確
保了對新的軍隊－國家的生殖需求，這是對大量屠殺
的解藥而非對另一種性別嗜好的合法化。至於拉丁人
拿破崙，他極其崇拜母親，崇拜可怕的裘卡斯特
〔Jocaste（譯注：伊底帕斯的母親）〕統治期，其發明
了歧視，發明了兒子在女性後嗣之上的優勢。

異性戀的蔑視、身體性（corporéité）的隱藏，歸
根結柢僅表達了戰鬥超人對被貶抑的後勤夥伴的厭
惡。從此，女人較不像女人，且她有更多機會討人喜
歡，因為，就如箴言上所肯定的，「戰士屬於唯一且
相同的性別」。從喬治‧桑到馬爾蓮‧蒂娣區
（Marlène Dietrich），兩者同樣出身於戰爭的社會與家
庭，同性戀的巧技將經常地作為誘惑與社會解放的方
法而被使用。薩克斯元帥（Maréchal de Saxe）的女性
後裔採用了某一名字、男性服飾與狂癖，而重獲好
評。和她的夥伴們，從不完全氣餒，宣稱絕無任何男
人足以給予她如同她自己所給予自己的快感。根據喬
治‧桑，女藝術家首先就是一個女旅行家、一個女流
浪者，其典型是喬裝成男孩且由其對「致命愛情」的

蔑視而廢除性別差異的女獵手貢徐樂（Consuelo）……
同樣地，小說《玫瑰香水》（L'eau de rose）很可以結
束在婚禮上，但卻不是由於羞恥，而是因爲那年輕女
孩的技術探索已完成了；她已將丈夫引開，婚姻的經
過儀式不再與她有關，她時常從夫妻床上所汲取的是
對她笨拙丈夫冷酷與確切的恨意。這很可以對照於變
裝者（travesti）〔過去比較精確地稱爲轉變—服飾
（trans-vestisme），這極佳地翻譯了travel或travelo的意
思〕，傻大姐的機動性表現早已宣稱了對M. L. F. 運動
中女人的要求：我們不是性對象。

　　對立於阿拉貢（Aragon）的箴言：女人是男人的
未來，M. L. F. ❼提出一句口號：男人是女人的過去。
總之，各自都搜尋擴大差距，以在物種巨大航行的差
異化時間中安置夥伴。

　　此外，在愛戀模式中可發現這種具有意味深長的
擺盪效果的擴張（distension）：爭取參政權的婦女
（suffragettes）與其他婦女解放團體在大戰（雄性殺手
之大衝突）後尤其突顯出來。反之，感傷的、小說般
的時期卻在革命與爭端之前或之間發展起來。那是因
爲致使成爲軍事運動的首先是旅遊的邀約，且其也取
代了「愛情的激動」（transport amoureux）。年輕的少女
「獻身給被動員而尙未出發的士兵，因爲他可能將捐軀
沙場」，這是一個常見的事件。就彷如心愛人兒想最後

一次參與旅途的活兒，然而，這裡再次地，被瞄準的
目標是距離的節奏，且戰爭的宇宙將立即把男人置於
女人的過去之中。反之，匆忙締結而成的、所謂的
「戰爭婚姻」，大部分將轉瞬而逝；當士兵一有了想毫
髮無損回到妻子面前的壞念頭時，他就會被拒絕。

　　誘惑或不停誘惑的需要之悲劇性格逐漸被揭露，
就如運動法則與身體向量能力的過度膨脹，也如伴侶
（們）在空間與時間中無可抑止消失的加速性。導向遠
離就是導向空無，而正是在此狀態下，誘惑行為與技
術必然性，或確切地說，與戰爭科技互為干擾，就如
德累上校（colonel Delair）所述：一種藝術其必須永不
止息地轉換，且必須未脫離世界的一般法則，停駐即
死亡。

　　著名的《出發之歌》（*Chant du Départ*）已相當不
賴地展示了介於戰爭與愛情技術間的這個來回往復：

　　「去吧，英勇夫君，戰鬥是您的節慶……」和聲高
唱於使未來的英雄安心之前，接著唱道：「而倘若記
憶的殿堂向您戰勝的陰魂開啟，我們的歌聲將高唱您
的榮耀，我們的側腹將承載您的復仇者……。」

　　「很多女人經由我而相互喜愛。」法蘭茲·李斯特
承認道。在這句子中，同時具有征服速度的齒輪變速
比（démultiplication）與相互的不可見性觀念。不只伴
侶是「騎一次便終身不再看到的驛馬之一」，如過去在

法國舊制下所言，而且作愛時的接近，人的立即替換都除卻不了之前由距離與隔離的分隔所造成的不可接近性（inaccessibilité）。

此外，要撤銷伴侶而須臾不離其一秒總是易如反掌之事，由是，在一對老伴侶間，二個伴侶彼此總是被有限的、日常共同出現的（早已被知悉且被伴侶等待中的）符號、氣味、運動與狂癖之重複弄得對對方視而不見，這是被誤用的所謂親密。隨著實際時光的流逝與衰老加邃，知覺的衰減創造了一種新的運動學影像變形。由於一個上年紀的人所改變的「暫時視角」是如此巨大，以致其能述說一件四十年前陳年往事的細節就如同是今日降臨一般，但他卻又完全忘記手邊才做過的事。對日常實在論的要求在此僅是一種對敘事的概括，有點類似災難電影，由特技演員拍攝且可知不可能即時（temps réel）播放出來。意外的瞬時性（soudaineté）隱含著巨大數量的事件，其開展在一個極減縮的時間中，以致再次地，大眾的眼睛無法完全將其掌握而停留於將其概括化的地步。敘事時間似乎與視覺本身不可相容，且為了企圖看到，必須弔詭地由一種視覺的混亂介入：慢動作。

老人將採納一種接近（其所曾經是）小孩的態度，來除卻其成人的年紀。他以一種小男孩被詢及聖誕願望的方式期待「一切回歸其位，被放逐者回返家

園，所有被殺或死亡者重生⋯⋯」對他而言，重要的
是事物的位子，那些在某地而又突然消失之物，永遠
消失之物對他而言似乎是不可忍受的。由是，在小孩
前重複上百次的故事，從前從前這個放在故事開頭的
詞，就具有不可取代的重要性。其次，說故事的人必
須保持清醒且不能絲毫變更，不能加油添醋或遺忘細
節。那些犯了這些錯誤的人必須承受小聽眾們立即的
抗議。童話故事因而不只因其講述了異乎尋常的冒險
而令人讚歎，且更因為這些冒險永遠是一樣的，永遠
類似且近乎同一。這種藉由被日常化態度的重複所引
致的感覺缺失（anesthésie）也被情報單位所採納了，
他 們 創 造 一 種 極 特 別 的 間 諜 種 類 ： 睡 眠 者
（dormeurs）。睡眠者首先是一種社會的桿蟲
（phasme）。他必須在敵人環境中生活、工作、從事某
職業、結婚、生子。他在那裡就如一只在國際諜報戰
中無用的棋子，而他甚至可能至死都沒有用⋯⋯除非
某日他收到活化的指令。由是，他擲出他悠長幻象般
存在的物質證據於事業之中。正是他高度的日常化給
予他必要的不可見性，在未驚動他周遭的注意下，達
成突然命令給他的獨特任務。著名的英國人物與女皇
藝術顧問，前劍橋大學教授安東尼・布藍爵士（sir
Anthony Blunt）在其以前學生與共謀紀・伯給斯（Guy
Burgess）與杜拿・麥克連（Donald MacLean），這兩個

英國外交官於某日神祕失蹤，卻於一九五一年重現莫斯科後的二十年才被揭開真面目。這三個人其實早在最後一次戰爭前便已為俄國工作了。

交配的媒介吸引力（attraction véhiculaire）在被科技物件所取代前，產生了戀動物癖（zoophilie），這就如另一種類型的異性戀❽。馬特別地被古希臘軍司令視同為神，甚至莊嚴地迎娶之。作為能量的儲存所、戰鬥速度的泉源，且戀動物癖崇拜更是喜歡提出雜種動物的圖像。公牛長上翅膀或有獅子身體與人類腦袋的獅身人面獸（Sphinx）；稍後，牠們又被加上翅膀與女性化呈現。

在堞貝（Thèbes），獅身人面獸是某種被藏匿知識的持有者，牠向走於路上的人（路過者與旅客）招呼且提出令人擔心的謎題，答得不好即令不幸者被粗暴的消滅、大殺戮。人面獅身獸向伊底帕斯所提出的謎題是關於移動於時間中的奇怪存有，且正是被存有所使用的技術多樣性構成了質問的基底，也正是這個多樣性將反向地來從其他動物中確定出人類。

（新陳代謝的）媒介物（véhicule）在此被如同運動之謎而被給予。對此謎題的壞答案則由掠食性動物加以制裁，後者是一種戀動物癖的混合，其強有力的身體隱匿殺人的能量於和諧、柔軟且通常是溫和外表之下，就如大型貓科動物於不可預知的放鬆下之外

貌。

　　戀動物癖及其雜種預示了戀科技癖（technophilie）及其混合。福特（Ford）對美國經濟的社會計畫早已宣告實現了介於生產技術、被製造產品及其實體性（corporéité）本身、工作者－消費者形象等等的協同作用，一切都由且都在不可切分的速度中統一。然而，在李斯特的那句話中，浪漫激情的運動穿越了能量的增添與愛意交流的加速，意味了一種介於新陳代謝與技術間的競爭（而較不是一種對立或聯盟），一種過渡儀式及儀式數目的絕對增值，其不利於身體本身及其在世上的存在。

　　接替或對立於必死的男人（戰士），必死的女人很少是一個美女，而且還要更糟。斯湯達爾如此記下關於他所愛戀的安覺拉‧皮塔瓜（Angela Pietragua）：「我不知她是如何被帶來向我說……她的朋友中的某幾位告訴她說，她使人害怕。此言屬實……這似乎是一個取得了美貌的極優越存有，因為這個偽裝對她比任何人都更適合，且以她穿透人心的雙眸讀取你靈魂的深處……。」

　　著名高級妓女通常極樸實無華的肉體令人印象深刻，這對比於其所提供的華飾，誘惑武器的動態光芒。這裡再次地，生理的認同消失於科技增值的引誘之後，許多女人持續不斷地運用她們的功能直到某個

高齡（某些從七十到八十歲），仍一直收受此報酬。如果看見她們之一爬上國家階層的頂端也非罕事，而且反之，高位的女人與從事社會活動的女人互相較量著，致力於真正的馬拉松賽中，在性旅途中承載過客的速度記錄，極高的效率令她們認為與男人（君主或古希臘軍司令）並駕齊驅。再次地，過渡儀式的加速隱含著時空性行為特質❾（一種領土寬窄的呈現），且seducere 並不能被化約為性交易，就如古希臘軍司令或征服者的行為不能被比較於如克勞賽維茲（Clausewitz）所以為的「人類商業」一樣。

費德希克二世（Frédéric II）的「勝利就是前進」，亞歷山大大帝的匆忙朝前猛衝中，只擔憂會發現他穿透力無定限擴張中的界限，然而駕駛員朝高速跑車或賽車測速馬錶投下的一瞥就如戰士存有的一個存在測度，時間令人暈眩的流逝，這個對距離的永恆攻擊也產生了不可確定的原初過渡儀式，一種由攻擊速度所實現的宇宙概要輪廓。

「愛情在大部分時刻是謀殺的副產品」，阿嘉莎‧柯莉斯蒂（Agatha Christie）的小說喜歡如是複述道。從這個謝林式（célinesque）人物，其時時展示著在戰爭中死去孩子或丈夫的遺骨，至於這些寡婦們如同處於特權情境安置於喪悼中的，她們足不出戶，如同仍留在該處人們之（倖存者與特別是他們自己的子嗣）

眼中看來無法掩飾的怨恨所哺育；或七一號電報：
「如果戰敗，國家就滅亡了！」希特勒在此電報中決定
結合他與半敵半友者的力量完成對他自己人民的摧
毀，消滅他棲息處的最終資源，我們並不處於反對立
場，但可真是引誘行為之妄想的頂點，移動於一個絕
對命定的世界中，在此不再有任何事物具有意義，既
無惡亦無善，既無時間亦無空間，且其他人們所稱為
成功的也不再可用為判準❿。

　　M. L. F.的婦女最後發展了類似的態度：她們吹噓
著她們如寡婦方式的解放……。妳們將我們從愛情中
治癒是她們的口號之一。她們誅殺了丈夫、父親、小
孩，且正是在此，這個主題意味深長地在她們身上建
立了一致性，墮胎，比如說，具有一種象徵性的超越
力量，因為它可直接對照到對愛情副產品的謀殺。所
有這些在美國重新公開的同性戀諸派別中，取得一種
無情的新型社會鬥爭的最終形式，其朝向權力、影響
力或金錢的追逐之中。

　　在《馴悍記》中，莎士比亞的粗野軍人拒絕提供
他妻子侍女服務，而提議她以軍隊僕從來服務：我的
僕從能照料我的護甲，他將很能束緊妳的緊身胸衣。
由這個荒謬的命令，必死的男人已自認為是其女人的
過去；其閃閃發光的背甲，其戰鬥的華服、註定為同
性戀式對打的接近關係，即將在高科技戰爭的開始就

成為一無是處，甚至成為有害的。在十七世紀法國出現了嚴格的衣著規矩，提倡男人放棄「漂亮的權力」。然而同一時候，儘管貴族提出異議，制服的穿著成為強迫性的。這個對士兵配備的演化很顯然地被連結到摧毀方式的演化，連結到武器的飛躍發展與演習的全新型式：軍隊（troupe）很快將不再是貴族的「劇團」（troupe de théâtre），不再有主角，即使某些軍官仍於攻擊之時（被眼睜睜地看著他們事實且確定地離開舞台）炫耀著「外出服」。由制服特質到不可見性，在一九一四年大戰之時，權力當局同意了一項明顯的益處，即應放棄讓鮮豔顏色進入制服的組成中，且應採用一種中性色彩服裝以降低軍隊在鄉間的可見度。在戰爭中僅存在配角（figurant），聚合的配角之群集為了構成龐大數目：在太亮眼的茜紅色之後，將獲選的是水平藍、土灰、灰綠（grigio verde）與最後，英國軍隊的卡其色，這種顏色遠不只是一種顏色而已……一切的憂慮都不是關於辨認（identification）上的，而是關於互解的（désintégration），因為khâki這個詞來自印度斯坦語，其意味著塵土的顏色。在市民或軍事穿著的一致性中，身體特性的消失將配對著在速度單向性（unidirectionnalité）中身體的消失。美麗權利的放棄正進入了一種全新的幻想秩序中。從此以後，策略的範疇延展到不同的消失節奏本身之中。交通工具、軍

隊、底層結構、過度轟炸的城市、整個大陸，再無任何東西自摧毀的規劃中逃逸，這是巨大的燈火管制（black-out）……很快地，飛機駕駛員或戰車駕駛的服裝將只是駕駛艙中的內衣。在本世紀初，建築師阿道夫‧羅（Adolf Loos）寫出了宣言《裝飾品與罪》（*ornement et crime*），在書中他宣告了底下的法律：隨著文化的發展，裝飾品將消失於日用品中。

他欣喜於我們這個時代的偉大，他說道，這個時代已不再能發明新的裝飾品，「因為草率地製造了裝飾品、材料、金錢與人類生活，這正是真正之惡，這是不可袖手旁觀之罪，文化的演進就如一支軍隊的前進，其擁有一大堆落後於隊伍之人。我可能活在一九一三年，但我的一個鄰居則活在一九○○年，另一在一八八○年……第侯（Tyrol）上游河谷的農民則活在二十世紀……多幸運的國家啊，既無落後於隊伍之人亦無偷農作之人！只有美國才能如此。即使在我們的大城市中，我們也仍有遲滯之人……。」

在二十世紀初，輪到女人逐漸放棄美麗的權利，她們離棄了她們著名的緊身胸衣，當競賽的軍備與軍備的競賽成為社會現象時；女人的解放也解放了技術的誘惑。她可以沈迷於運動紀錄，在高速機器中迅速攀升；對她而言，新的胸衣－甲冑，正是飛機或汽車的駕駛座。女人作為謀殺副產品或旅遊向量的吸引力

一掃而空，挽套被打斷了，女性膺像僅只被如同媒介物的開墾而在高雅競賽中被使用，這是一種廣告式的隱喻，政治或軍事的宣傳。女人就成為這些古老或異國文化華飾之一，但憑現代男人的意願而運用或拒絕，而毫無新意，因為，同樣由阿道夫‧羅說道：「他們為其他目標儲存或專注他們的發明能力。」

女人的這種消失在工藝物體的命定性中，創造了一種新的大眾語言，極忠實反映了本世紀初未來主義者之老年精英的法西斯語言，「一塊鐵或木頭的熱度從此以後對我們比一個女人的微笑或淚水還激情……我們轉換愛倫坡的NERVERMORE⓫成為一種尖銳的歡愉…被斷根男人的統治由我們開始，被增殖的男人混入了鐵，由電所餵哺……這是為了告訴你我們如何蔑視宣傳以求保衛景緻的美學……偉大的象徵主義者感興趣於女人的裸體、理想與致命的美女」〔馬希涅堤（Marinetti），1910〕。

飛行員尚－馬希‧沙玨（Jean-Marie Saget）最近在報紙《法國晚報》（*France-Soir*）上的訪談上宣稱：「在當時，作為一個試飛員真是飛行於未知之中……然後，現在則有另一挫折，這很可惜，即因為商業競爭之故，不能飛對手企業的飛機。我從未升起一架F15，且我感到懊悔。反之，公司的飛行員則一切都飛，因為他們必須建立比較……他們享有特權。」在度假與

攀升於其幻象4000的時刻，沙玨補充一句作為告別：
我越過另一邊了！

　　當然，存在一種科技的唐璜主義（donjuanisme），
一種取代對後勤妻子剝奪的機械剝奪（enlèvement des
engins）。原初的三位一體完全被改變，關係從此建立
於某種男女不分（unisexe）（生理識別的確定性遮掩）
與技術向量之間，隨著過渡動力學（dynamique du
passage）的增加，與心愛人兒的身體或領域化身體的
接觸正常地消失。

　　然而，群眾的生產對過渡儀式的整體承擔是一種
（我們已看到）極其重要的現象，因為可以想及，模仿
哈伽歐的句子說，科技文明整體只被運用於生命安置
在位移中的固著。「Mobilis in mobili」，動態中的動
態，農逤呂斯（Nautilus）的箴言位於下列這句話之
前：你不具有速度，你就是速度。在對進步的追尋
中，展示了某種東西，其可能不再是不連續的，一種
對介於自然與文化、烏托邦與現實間差異與區別的最
終廢除，因為透過使過渡儀式成為連續現象，科技已
使感官的混亂成為永恆的狀態；意識生活至此成為擺
盪式的旅遊，其只具有如同絕對極點的出生與死亡，
且是宗教與哲學的終結。

　　科學實際上製造了一個嶄新的社會，其成員全成
為睡眠者，活在幻象的日子裡，且很自然地活在全然

和平與核武震懾狀態下的安適中。這種狀態本身的發展根據對工程師極其珍貴的最少行動原則：根據力量效果的最佳分配曲線，其保證平衡與避免意外，整個世界懸於一項最終操作的門檻上，對人性而言，其實際上實現了可比擬於由終究命定之創世紀儀式的過渡儀式。

當本世紀初，史賓格勒（Spengler）預示了「科學回歸到其心理的成分與浮士德式文明的全新廢墟中：其殘骸四處散落，被遺忘的鐵道、大型客輪，就如羅馬古道或中國長城般陳舊不堪……」他不認為這些最近或古老的廢墟全是速度的惡靈（larves），是西方朝向技術冥間（au-delà technique）的計畫（projet）或投射（projection）之唯一且不可抗拒的棄置草圖。其最終與古代宗教的冥間同樣神祕，而且還正視他們的特效助力（偉大的自然過程）。「當此可行時，就已被超越了！」如是，西方的弔詭（關於這點過去的質疑並不夠），且其在最後一次大戰時，當毛貝騰爵爺（Lord Mountbatten）率領英國武器材料的研究時，成為他的箴言。在此涉及的是由敵對國家製造出來、不同戰爭器械間的競爭或競賽。如果某一器械可行，它將很快地不再是對手的「驚奇」且失去其效力，亦即失去其意外的支配性品質。然而就如往常般，在技術領域中，戰爭是最佳的典範，器械（由於其被公諸於世）

不再屬於失神（不在）……的那部分，它運作，然
而，就在它運作那瞬間，它不再屬於它所來自的部
分，它被超越了，由此產生速度紀錄之必要；正是紀
錄將科技器械拉向無止盡的想像中，因為沒有人能知
道超高速度的限制。

　　今日，科技器械的神祕有再被發現的傾向，它從
此比較不是如能被欲求或拒絕的消費物品而被領會，
而是在歷史之外、近乎地理的形構一種奇怪的成串伴
隨理論，一種（大寫）我的再現遊戲，其近乎夢幻的
幽微光芒……速度的這種妄想式歡愉超越了夢想的無
限性（馬希涅堤）。

　　約一九〇〇年時，侯夏（Rochas）上校，前綜合
工科學校的行政主管，想以其催眠下所吐出的奇特語
彙❷來論證「催眠下的受試者越過先前人類的經驗足
跡，不太費力地上溯時間……」。「五〇年代擠壓汽車
俱樂部」（Crushing automobile des fifties）成員們致力
於類似的活動❸，但在這裡的靈媒不再是一個女人，
而是五〇年代的美國汽車，凱迪拉克、別克、福特、
雪佛蘭……。

　　「阿爾伯特（Albert）盡最大可能的如同活在五〇
年代，」一個記者如是寫道，「當在一週之中，他開
一般的汽車上路，然而當他要出他的貝勒耶城（Bel
Air）時，他則著五〇年代的阿飛裝（Teddy boy），他

太太與小孩坐上後座，這就如同當年⋯⋯他自十五歲便夢想得到。自他一看到，他就想像著其原初的顏色，閃閃發光的藍色配著稍亮的頂篷，其鍍鉻零件、其前置的火箭⋯⋯」「在晚上，」阿爾伯特補充道，「我瞧著它，在離開車庫前，我拍著擋泥板，我對它說話。你瞧，當我裝上它的火箭時，我感到它有此需要。它，必須晚上來看，在夜幕已臨時分，它振動閃閃發光的時候。一輛車子，它是有感覺的。」

在丹尼爾（Daniel）（十六歲，高職機械電子科一年級）這邊則向《世界報》（*Le Monde*）的一位記者宣稱關於他所構思的器械：「我要一輛摩托車，一輛大型摩托車，超大型的摩托車以便到很遠之處，到我所想到之處，不管那裡。我將一直騎著永不停下來，當我累時，我想要它來駕駛。我要它的顏色是海洋配著圍繞海鷗的遠帆，我想要它閃耀著它的所有燈與它的鍍鉻零件以同時照亮一切。我要它什麼都不消耗，只耗點季節的風，偶爾，我要它跑得極快以便只看到那些討我歡喜之物⋯⋯我要它裝滿刻度表，以便它能看著我如同我能看著它⋯⋯我現在必須告訴你它叫什麼：我愛你。」

器械絕對地取代了心愛人兒，「景色之母」（mère-paysage）住滿了變形的精靈，然而，技術的命定性似乎比其具人形的草圖更加盲目與可怖，多虧了

獨一無二的速度它能給予我們憧憬。被與高速器械一起出售的，甚至不再是旅遊的偶然，而是意外所造成的驚奇，在胡巨市（Rungis），每個星期六晚上飆車道上數以千計的摩托騎士來尋找的，他們隨意繞圈子所等待的，正是此。多明尼克・皮庸（Dominique Pignon）在關於阿希斯堡（Harrisburg）的核電廠災難中指出⓮：「反應爐中的現實就如一切觸及原子的現實一樣，並不由大眾的一字一詞而提升好評……最高速的電腦比起現實的程序也是無限緩慢的。由是在核子環境中，專家知道自己是無法由電腦來追隨一座失序反應爐所眞正發生的事……一旦意外發生，他們就如瞎子般轉圈子試著來下決定……。」

科技人員成爲他們所引致運動的犧牲者；從此，失語症般的，他們在中央監控室的絕對性中，重複著原先磁性的儀式之簡化姿勢，沒人能憂慮動態而不具動態。

從此，這令人聯想到阿特哈船長（Hatteras），這個居勒・維那（Jules Verne）的英雄〔其比那些眞正的探險家，比如挪威人侯阿德・阿慕德森（Roald Amundsen）或義大利人阿貝托・諾比爾（Umberto Nobile）都早〕，位於一個不可確認的冥界中，因爲其不似任何地方但卻也非空無：北極、星際的荒漠。沒有什麼比空的事物更巨大，培根如是說。尋找、硏

究、發現，所有夥伴都確然失去，而阿特哈船長，這個某種崇高激情的悲傷犧牲者，罹患了其精神病醫生所謂的極地瘋狂，他孤身一人伴隨著過渡到極北的儀式。

「隨著他忠實的狗兒（它以一只溫柔憂傷的眼睛望著他），阿特哈船長每日長時間地漫步著；但他的漫步一成不變地隨著確定的方向且在史東村（Sten-Cottage）某些巷道的方向而結束。船長一旦走到巷道的盡頭，就倒退著再回來。是否有人使他停下來？他指著天空中一個定點……醫生很快理解到這個特別固執的動機，他猜測何以這個漫步止於某個固定的方向，且可以說，是在磁力的影響之下。約翰‧阿特哈船長一成不變地走向北方❶❺。」

注　釋

❶勞倫斯・雷湘，《朝向超自然一般理論的靈媒、神秘主義者與物理學家》(*The medium, the mystic and the physicist toward a general theory of the paranormal*)，Viking 出版社，紐約。

❷蛇作爲一種充滿敵意的存在，在其身上大智慧與基督教傳統意圖辨視出撒旦。「女人看到樹上（知識）的果實是如此的美味與誘人觀賞……」。

❸譯注：拉丁文，指「使分離」。

❹譯注：attelage意指將牲畜挽套一起的方法或行爲，亦指被挽套的牲畜群。維希留用這個詞來形容誘惑或性伴侶間的關係，底下將譯爲「挽套」。

❺男人âdam（亞當）來自泥土adâma。「花園」(Jardin) 在希臘文版本中被譯爲「天堂」。Eden（伊甸園）是一個地理學名詞，其躲避一切定位，它首先可用來意味「大草原」（耶路撒冷聖經學院的注解）。

❻「介於『自由的』(libéral) 與『機械的』(méchanique) 間的差異永遠存在，那些純然機動性（motricité）的、隸屬於機器且因而可以毫無差異地被不知者與動物所執行。」參閱 *Equicola 95*，與安東尼・布藍 (Anthony Blunt)，《義大利藝術理論1450-1600》(*Artistic Theory in Italy 1450-1600*)。

❼譯注：指七〇年代法國「婦女解放運動」(Mouvement de Libération des Femmes) 的縮寫。

❽「如果你沒有女人，就去鄉下，跟著一頭北馬讓牠成爲你的女人。」〔賣貢人 (dogon) 的諺語〕。「男人是女人的過客，不只當其出生時，且當他們有性關係時……或許可以說雌性是雄性所找到以重現的方法，亦即以來到這世上的方法。」保羅・維希留，《過客的轉世》(*Métempsycose du passager*)，*Traverses*，第八期。

❾譯注：écosexualité。關於這個詞，維希留自己的詮譯如下：

「指在空間與時間關係中的性行爲，其就如格雷安・葛林（Graham Greene）的句子中所提及的：『每分鐘都各自迥異，作愛時是由男人陰莖的脈動來測度時間……』。」

❿介於傳種者（géniteur）與子嗣（progéniture）間的差距不斷地被法律潮流所擴大。如果一九六六年關於領養的法案允許小孩出生身分的改動（其眞實姓名被從記錄上抹去），法國的二千名人工授精小孩則停留在沒有合法的眞實出生身分狀態。

⓫譯注：「絕不再」（英文）。

⓬譯注：xénoglossie。維希留對這個詞的進一步解釋如下：「指某些受試者在催眠狀態下，說出他先前從未曾學過的古代語言或外國語。」

⓭柯希娜・布希斯杜（Corinne Brisedou）在《解放報》（Libération）有一篇關於五〇年代汽車收集者的有趣文章，他們每月第一個星期五在巴黎協合廣場上有夜間聚會。

⓮多明尼克・皮庸，《在核電廠中的意外風險》（Des risques d'accident dans les centrales nucléaires），Christian Bourgois 出版社。

⓯居勒・維那，《阿特哈船長的冒險》（Les aventures du capitaine Hatteras）（在北極的英國人—冰漠），Hachette 出版社。

4

　　保羅‧莫宏（Paul Morand）的匆忙之人震驚地注視著飛機失事的電影慢動作：「飛機輕掠過地面，地面以一種比美食家剝開無花果還細膩的方式將飛機撕開成四半……」最暴力、最致命的撞擊也與連續的愛撫同樣溫柔。自那時至今，這個視覺的印象藉由數部攝影機以不同速度的拍攝下被更進一步改良，藉以實驗性地引起互撞，群聚更多屍體❶。在人的步行與舞蹈之後，現在被提供來觀看的，是屍身在行進汽車內的緩慢編舞，其出自對戀科技癖與速度這一對伴侶戀愛的揭露，其透過碰撞兩種愛撫而產生致命的衝擊。

　　運動學的馬達使我們習於將這個正在逝去世界的運動秘密視為自然，習於不再自問何以愛戀姿態的加速會成為致命的，何以使身體墜落與推移的孔雀舞（danse pavane）可以成為致命的？而同時，這個被日常化的運動暴力（其被視覺的特殊技巧所揭露）向我們展示了它的不一貫性，速度的暴力主宰著技術世界，但它仍然就如同獅身人面獸時代般是一個主要之謎。

　　當毛貝騰在一九七九年八月被謀殺時，有個目擊

者布里恩・威克利（Brian Wakely）描述道：「曾有一艘船在那，而突然間，什麼都沒有了。我位於毛貝騰爵爺船艦剛擦過的一艘接駁小艇上，一直到發現船已消失蹤影後，我才聽到爆炸的聲音！」

這個超自然的奇怪印象，我們在如最後一次大戰的轟炸時曾感受到：藝術作品的四散爆裂或灰飛煙滅在我們眼前極遠的距離外發生，在一種全然的寂靜中。當我們最後終於知覺到爆炸的嘈雜時，所有一切都已經落為塵土。這裡再次地，迅速性露骨地曲扭了日常知覺的幻想秩序，曲扭了我們的訊息之抵達秩序。那些似乎可能共時之物被多樣化與分解了。伴隨著速度，世界一再地損害了物體，從此後者本身在資訊的開端變得極為類似。正是這種干涉摧毀了我們所感知的世界，技術最後永久性地再生產了意外之暴力；速度的神秘依然是抑制聲音的光與熱的秘密。

理性的技術不停地使我們遠離我們為一個客觀世界的降臨所採取之物：快速旅行，個人、符號或事物的加速運輸，以惡化的方式再生產了失神癲效果，因為他們招致了在主體時空脈絡之外對主體永恆性的重複劫持（enlèvement）。

自運輸革命一開始，某些人便具有能在運動、長途跋涉、旅行等欲望中辨識出較是由速度洩漏出的欲望而非由遠方或他方洩漏的欲望。

在1903年，畢耶鮑（Bièrbaum）起身對抗這個潮流：「速度並不是目的！」他本人尋覓一種他稱爲人道主義的速度，如果沒有它，他說道，「我們將被捲入取代愚人船的『愚人馬車』（Narrenkutsche）中；速度必須成爲一種提供服務給集體文化的個人文化。」

然而正是在此，文化（如此處所意指的）是否具某種關聯到由阿紐齊歐（Annunzio）或喬歐格·穆勒（Georg Müller）等人所研究的享樂類型〔這兩人肯定媒介的速度（vitesse vehiculaire）「可以讓什麼都不必想，什麼都不必感受，而達到一種漠不關心」〕？可能可以說，這種迅速性的隱修行（anachorèse）名副其實的是布爾喬爾文化的終結，是對旅遊的異國情調與抒情的反彈，「巴洛克的這種冥界自十八世紀蔚爲流行，且在十九世紀初伴隨著頭幾條鐵路❷」。

自一開始，超高速度的追尋就混入了戰爭與狩獵的毀滅遊戲，這是菁英的創造者。由是，費力工作的戰爭（菁英在此被視同軍隊系統的僕役）在工程師的影響下轉換成一種較舒適的器具：一種無所事事的狀態（oisiveté）〔牟棟（Vaudan）〕。超高速度的探索將很自然地成爲一種保留給戰爭紈袴子的運動，一種由另一方面而言，留給無用之人的幻想，給有錢人的一種新的懶惰形式，使他們去追尋一種作爲生活模式的移動本身，一種生命的固定，「連結了風險與舒適」，果

耶希元帥（Goering）如是說。他本身是個眾所皆知的
嗑藥者與紈袴子。從此以後，藉由高速運輸模式的充
斥，旅客成爲地球向度的否定者（négateur）。

　　約在一九二〇年，哈伽歐寫道：「今日的旅行者
可以說道：我是地球的居民，如同他們以前說：我是
阿斯尼耶（Asnière）的居民……有些旅行者甚至不知
道他們正在旅行。」

　　由科技加速所獲致的活力存有的內滲現象
（endosmose），葛黑格・布希德洛夫（Graig Breedlove）
（一九六五年地球上速度最快的紀錄保持人）將他回憶
錄的序言題爲：「做一些有別於簡單活著之事」，而且
他記道：「何以人們嚮往這些令人喪膽的速度，而將
其引進以輪子跑動的交通工具上，其不只可帶向榮耀
而且同樣能撕碎一切？」

　　如果一切都是運動，則一切同時也都是意外，且
我們在代謝媒介（véhicule métabolique）中的存在可概
括成一系列的撞擊、一系列的創傷（traumatismes），
有一些顯示出緩慢且可感愛撫的樣子，這些隨著所給
予它們的撞擊力而成爲致命的撞擊，成爲火焰的究極
發展，且成爲另一種存在的方式。速度是一種死亡的
原因，而我們不僅必須爲其負責，且更是其創造者與
發明者，人們這麼寫道。當我還很年輕時，便自問著
戰爭器械的美學，我在我內心深處稱之爲它們的謎

團。我常停下來注視著一座掩體或某架停在外海的潛艇側影，並自問何以它們高雅的形狀是如此的難以捉摸，由此構成了它們在造型上的不可見性。

　　一開始，我將它們參照到動物的外型，到地質的質變（métamorphisme），但這一切都只是比較、模仿，並不能讓我滿意。隨後，我想我理解這些形狀之所以難以捉摸，是因為它們擁有與不同且極端的速度之所有關係，且註定因而反映了宇宙的另一種再現（其聚集了不同的時間）；它們屬於另一個世界，對一般大眾是不可見的，而只留下某些東西給他們。由戰爭所統括、對運動的浮濫生產改變了外型；馬達（由於其直接處理反常覺醒狀態）取代了因果關係；其革命正是在此：馬達源自靈魂。由是，當興高采烈的梅里埃喬裝成輕歌劇中的撒旦時，他並不認為做得足夠的好：馬達的軸心就是科學的軸心，視覺的敗壞即生命的敗壞！

　　在上個世紀，很多人便已知覺到速度的弔詭：「火車並不視我們是旅客，而是寄送的包裹。」在托爾斯泰（Tolstoï）這邊則記道：「火車對於旅行就如妓院對於愛情……」莫宏的匆忙之人則質疑：「可能必須找到某種更蠢的東西以完全阻住時間之流，對一切行動的全面棄權……」今日認為速度就是超越，這是一種與對緩慢謳歌同樣明顯的反話。休斯已模擬了我們

的科技未來：爲了光線向量令人印象深刻的速度而對
身體的媒介速度的放棄，身體的拘禁不再是在旅行的
動力學囚室中，而是在一個外在於時間的囚室中，其
可能是一台電子終端機，在此我們將我們最私密生命
節奏的組織交由儀器，毫不需移動半吋，電子自動性
的威權將我們的意志縮減至零……就某種意義而言，
在螢幕上，運動中光線的視界將取代一切對個人運動
的追尋。「可以思索」夏勒·徐黑德（Charles
Schreider）寫道「關於未來，轉換成保存的錄像訊號
在錄影帶上，或更進一步地，影像的分解與儲存以數
位訊號方式錄製於不同載體上……。」

　　由是，科技超高速度的發展導致作爲現象直接知
覺的意識之消失（後者向我們提供我們自身存在之資
訊）。

　　科技引進了一種對時間沉思中史無前例的現象，
因爲如果肯定時間只具有一種現實，即瞬間的現實，
則可以如在馬達正在發展之時，姬庸（Guyon）所言，
「時間的觀點可以歸結爲一種透視觀……由不具時間長
度的瞬間構成的時延就如直線是由不具向度的點所構
成一般。」……向度消失於一條被剝離的直線上，其
不過是一道幾何軌跡的速度。總之，在精確科學的不
同應用中，對可能性的欲望導致一種基本上包含了之
前與之後的瞬間的全新萎縮。藉由動搖了瞬間，主體

被引進了速度階層（下面或上面的），廢除了定位（偶然現象）；速度的多樣化也廢除了連續運動的普遍時間感。梅里埃很早便理解電影不是一種第七藝術，而是一種運用一切藝術的藝術：素描、繪畫、建築、音樂、同時機械的、電子的工作等。

電影是一種實現，在此哲學與主宰性藝術相互混淆而暈頭轉向，這是介於人類靈魂與靈魂－馬達語言間的首次混亂。歷史上諸藝術的承續本身早已指出了這個分解：由是，在音樂演奏會中，聽覺注意力的卓越發展摧毀了其他的身體運動，揭露了介於音樂樂器（以其圓柱體、其節奏而成為真正的聲音馬達）與特屬於每位聽眾超自然力速度間的基本關係。就如希伯（Ribot）在《注意力心理學》（*La psychologie de l'attention*）中所寫下的：「沒有驅動的元素，則知覺是不可能的……」而比如R.，菲力浦（R. Philip）則建立了一種聽眾注意力的「測量值」：「音樂改變了呼吸與心跳的節奏，使其加快或減慢」，就如在視覺的注意中，如果後者連結到一種眼睛的強迫性運動，則其亦連結到一種不可避免的身體運動之抑制❸。

在死前不久，尼祿（Néron）回到拿坡里，並駐足觀看一種新的樂器：由水來運作的管風琴，根據密托浮（Vitruve），這是由柴西伯·塔列松德希（Ctésible d'Alexandrie）所發明：它類似一座由許多管子拉長與拔

高的餐具櫥。他於是構想在他的敵人面前彈奏管風琴
的計畫，用來擾亂其心智以符己利。尼祿的這個奢望
並不是不切實際：在音樂演奏會上，當音樂馬達停止
傳播時，這不僅有喝采與掌聲的恣意暴力，而且有如
雷般的噴嚏、咳嗽與雙腳刮搔聲，就如同每個人重新
取得自己的身體一般。交響樂的發展本身向我們展示
了指揮者取得唯一操縱者的特權位置，但由是他所指
揮的，不只是越來越形眾多的樂師群，而且是他致使
在座椅上不動的聽眾……公然地離座，在此成為最有
力的樂評！

　　技術導向文化只是完美化了對動力元素的承擔，
它不停地提高了我們對這個承擔系統（流速計、儀表
板、遠距導航……）的依賴。作為導引路線的創造
者，技術專家的文化被運用於人世間與自然界（人類
的自然）。培根的話：沒有什麼比空的事物更巨大，最
後只創造了空無與荒漠，因為只有虛無是連續且因而
成為引導的。

　　與其對在浩瀚天空的空間速度紀錄感興趣，冠軍
持有人，比如阿爾‧阿爾豐（Art Arfons）宣稱，最令
人興奮、激動與最動態的工作正是（涉及智力、體
力、與技術準備的）在大地、在我們大地之母上的純
粹速度紀錄……愛情的作品，他確切地說道。這個詞
似乎並不出乎意料。

同樣的，麥爾孔・龔貝爾（Malcolm Campbell），前皇家航空隊（Royal Flying Corps）的飛行員，他評價飛行時所引起的感覺是：乏味且比他在地面上所曾嘗試坐過的許多「藍鳥號汽車」❹還不令人陶醉。

事實上，對速度的激情自童年起（對神秘故事的激情也在同一時刻）便已攫住了他，列歐・密拉（Léo Villa）寫道。而後者涉及的總是（等待著足以將其發掘出來的英雄的）寶藏，成人必須企圖實現這些不同的夢想❺。

由是，土地（土壤的效果）似乎仍弔詭地是絕對速度紀錄追尋者（土地使其自然障礙、重力等危險對立於他）的最佳伴侶。速度的紀錄既來自無數的新技術混合研究也來自被刨削、剝除平面之研究。空地的廣袤性只作為質疑不連續性之經驗才被喚起。「時間與空間似乎只有在它們不存在時才對我們而言是無限的」胡內勒（Roupnel）如是聲稱。地上運輸的立即性改變了與空間的關聯，毀滅了與經驗時間的關係，而正是在這種急迫中存在著對動力的狂熱。弔詭地正是創造瞬間惰性的極端動態，創造瞬間的瞬間性（instantanéité）！總之，瞬間就如同是對某種穩定性的幻想知覺，其由科技義肢所清楚地揭示，就如愛因斯坦自我超越的火車例子向我們所展示的：瞬間的感覺只有由巧合（coïncidence）（*epiteikos*）才能被給予，

兩列似乎對旅客寂然不動但實際上火車卻以全速駛出。根據巴舍拉之時間觀念，其僅具瞬間的唯一現實，且只能建立於潛意識中，在此，我們以我們本身的速度停留在一個完全致力於運動法則的世界中（且由此而成為惰性幻象的建構者）。

在不同的時間直觀之間建構出差異的，是在理性化知識空間中的位置，這有點就像是在愛倫坡的寓意小說《黃金甲蟲》（*Le scarabée d'or*）中，搜尋者在開始進入所被賦予的路線運動前，必須先專注於對訊息的密碼時延的無數思辨。

正是這個概要式軌跡的動態性改變了主體的觀點，使其發現（就某種意義而言）曾是視力所及之物。由是，這個觀念被集中於對這隻耀目、傳遞奧義的甲蟲之魅惑上，就如速度的水平線透視點一樣，它將其餘世界縮減至零。從縱橫全場到瞄準對焦，技術將全神貫注於將此種觀點的改變變成其熱衷解決的至高目標。馬達所創造的，正是這種朝向同時閃避每個人目光及知性之物（此寶藏）的運動，就如同是一個不被看見事物（choses non vues）的敘事，其重新使空間與時間成為如十九世紀伽斯提諾（Gastineau）所言的缺乏一切現實性的形上學實體。

速度的征服與寶藏的尋覓是絕對混合於麥爾孔‧龔貝爾的欲望中的，然而，烏托邦故事的偉大時期同

時也是文藝復興或十九世紀戰爭浪漫主義的遠征、追尋金羊毛的偉大時期。

　　虛無與現實的和解，被超高速度所摧毀的時間與空間以空無的廣袤性取代了旅遊異國情調的廣袤性，這對如同艾那（Heine）那些人而言，一點都不足懷疑（他們在這個毀滅本身看到科技的最高目的）❻。這同樣表達了稍後痴心於航空動力學與地面速度紀錄的人，其視環境對運動物體形式（及反之）的反應為首要之務。創造一種屬於所有零件（pièces）的時間，一種不再是如布希德洛夫所寫的簡單活著的時間，一種在地面上然而卻什麼都不在的時間。在科幻電影《第三類接觸》中，習於巡迴於星際太空廣袤中的外星人瘋狂地嬉耍溜達於一條單純的高速公路上。然而地球人卻以弔詭自娛，以介於歡愉與被推至極限的這種暴力之關係來自娛，其相當類似登山運動員的狂熱，後者並不希望爬升而是希望整平甚至某種意義上壓平山巒。

　　休馬利耶（Chevallier）早已指出存在著地理學，然而自古埃及起，隨著普多列梅門人（Ptolémées），亦存在著地形學（chorogaphie）❼這幾乎都被歷史學家忽略了。帝國的速度學式（dromologique）衝動形象，相當遠離其對地點的分區控制（quadrillage）。即便運輸革命已發生於十九世紀，我們的歷史言說仍與一種

奠基於空間與時間共同概念的文化連成一氣，然而同一時間卻產生了一種全新的生活模式，一種涉及全新時間閱讀的文化革新。只在鐵路時刻網與其複雜接駁系統的簡單例子中，這是涉及使每個旅客都可以理解、前所未有的地形學。在這個運用中（在鐵路的分隔包廂中，其對使用者而言亦同時是空間與時間的分隔包廂），就已不存在體驗唯一歷史時間的意圖與置身於運動及旅途的方法間之關聯。政府的運輸部門檢證著巴舍拉的觀察：

「隨著愛因斯坦的相對論，形上學家應對地區性時間有所反省，一切關於（作為事件賦序清楚原則的）唯一時間的外在證據都已被摧毀……」愛因斯坦的理論完成了對符號、對靜止且不變地被豎立來對抗正流逝時間的身體〔其能在（大寫）歷史中重現、在以後復甦〕之法老王式概念之摧毀，這個概念已足以解釋在馬克思主義國家中對陵墓與夸夸而談的死後存在（survivances doctrinaires）的崇拜（其連結著唯一歷史時間的概念）。

同樣自然地，歐洲的集權政權對愛因斯坦的理論相當敵視，因為時間在其理論中似乎比較不是被給予而是被區域性創造出來的，而且同樣正常的，愛因斯坦最後不情願地被全面性戰爭帶往一個悲劇性的對抗，在一九三九年成為時間之戰。

　　然而，在新型衝突中或許已不再涉及區域性時間，戰鬥史已揭露了匆忙趨往形上學最終紀錄的去定位化（délocalisation），這是〔位於音速牆（mur du son）之外且很快在光速牆（mur de la lumière）之外〕物質與我們在世上存在的最後遺忘。

注　釋

❶「特別模特兒」（M. S.）是新鮮且良好狀態下的人類屍體，由雷諾汽車這個官辦企業用來研究汽車的安全性。四年來已有一千具M. S.在巴黎地區的拉迪中心（centre de Lardy）被使用過。

❷克羅德・皮蜀（Claude Pichois），《速度與世界的視野》（*Vitesse et Vision du monde*），Baconnière 出版社，Neuchâtel。

❸A. 赫胥黎，《觀看的藝術》，Payot 出版社。

❹譯注：Oiseaux bleus，其英文原名為Blue Bird，指由龔貝爾在地面上所開過的許多被他命名為「藍鳥號」的汽車。

❺列歐・密拉，《紀錄的奪魁者》（*Les Tombeurs de records*），Hatier 出版社。「長達四十五年的見證者，列歐・密拉，他們的機械技師，敘述著龔貝爾家人，先是父親然後是兒子，只在意成為世界上最快速人的榮耀……都那・龔貝爾（Donald Campell）坐在他的噴射飛艇上超過了444公里/時，在1967年1月時在半空中被扯成碎片……」。

❻「經由鐵路，空間被消滅了，我們只剩下時間……」，艾那，《路太基》（*Lutèce*），Michel，Lévy，frères 出版社，1855。

❼黑蒙・休馬利耶（Raymond Chevallier），《羅馬大道》（*Les Voies romaines*），Armond Colin 出版社，1972。「特別是歷史學家們，都等待發現大道的建築資料，羅馬人權力的基礎。然而不然，在羅馬歷史首先是政治與心理學的……」。

消失的美學　　　　當代文化思維@rt 叢書 1

著　　　者／Paul Virilio
譯　　　者／楊凱麟
出 版 者／揚智文化事業股份有限公司
發 行 人／葉忠賢
登 記 證／局版北市業字第 1117 號
地　　　址／台北縣深坑鄉北深路 3 段 260 號 8 樓
電　　　話／(02)26647780
傳　　　真／(02)26647633
網　　　址／http://www.ycrc.com.tw
郵政劃撥／14534976
戶　　　名／揚智文化事業股份有限公司
印　　　刷／偉勵彩色印刷股份有限公司
初版二刷／2007 年 5 月
I S B N ／957-818-302-X
定　　　價／新台幣 220 元
原著書名／*Esthétique de la disparition*
First Edition in 1980 by Éditions Balland
Copyright©1989 by Éditions Galilée
Original French language written by Paul Virilio
Chinese Copyright©2001 by Yang-Chih Book Co., Ltd.
All Right Reserved

國家圖書館出版品預行編目資料

消失的美學 / 保羅・維希留（Paul Virilio）著；
楊凱麟譯. -- 初版. -- 台北市：揚智文化，
2001 [民 90]
　　面；　公分. --（當代文化思維@rt 叢書 ；
1）
譯自： Esthétique de la disparition
ISBN　957-818-302-X（平裝）

1. 美學

180　　　　　　　　　　　　　　90010313